· 中小学生科学阅读文库 ·

科学真理的骑兵

《中小学生科学阅读文库》编写组　组编

南京师范大学出版社
NANJING NORMAL UNIVERSITY PRESS

图书在版编目（CIP）数据

科学真理的骑兵／《中小学生科学阅读文库》编写组组编． — 南京：南京师范大学出版社，2012.6
（中小学生科学阅读文库）
ISBN 978-7-5651-0727-6

Ⅰ．①科… Ⅱ．①中… Ⅲ．①科学家－生平事迹－世界－青年读物②科学家－生平事迹－世界－少年读物 Ⅳ．K816.1-49

中国版本图书馆CIP数据核字(2012)第071237号

书　　名	科学真理的骑兵
组　　编	《中小学生科学阅读文库》编写组
责任编辑	翟桂叶　周　璇
出版发行	南京师范大学出版社
地　　址	江苏省南京市宁海路122号（邮编210097）
电　　话	（025）83598412 83598297 83598059（传真）
网　　址	http://www.njnup.com
电子信箱	nspzbb@163.com
照　　排	南京凯建图文制作有限公司
印　　刷	扬中市印刷有限公司
开　　本	787毫米×960毫米　1/16
印　　张	7
字　　数	84千
版　　次	2012年6月第1版　2014年12月第3次印刷
书　　号	ISBN 978-7-5651-0727-6
定　　价	13.50元

出 版 人　彭志斌

南京师大版图书若有印装问题请与销售商调换
版权所有　侵犯必究

序 Preface

科学是什么？

就科学的外延来看，有自然科学、社会科学和人文科学三大门类。这是广义上的科学，我们这里讲狭义上的科学，指自然科学。自然科学主要是以求取自然世界的"本真"为目的的。由此我们不难发现科学的价值在于"求真"——使我们尽可能地认识最客观的世界，不仅是表面的世界，而且是内在联系着的，具有各种规律的世界。进而可以推演出科学的另一个价值——改变和创造，人类可以根据正确的认识和内在的规律创造出先进的生产力。正是科学的发展，带来了日新月异的变化、翻天覆地的奇迹。千百年来，人们为科学的这种无与伦比的力量而震撼，为科学应用所创造的奇迹而惊讶，为隐身于世界内部的各种科学规律而吸引，为探究规律过程中的种种曲折而痴迷，为发现或者贴近规律而喜悦。

科学史研究之父萨顿在其所著《科学史和新人文主义》中文版序言中说："（人们）大多数只是从科学的物质成就上去理解科学，而忽视了科学在精神方面的作用。科学对人类的功能绝不只是能为人类带来物质上的利益，那只是它的副产品。科学最宝贵的价值不是这些，而是科学的精神，是一种崭新的思想意识，是人类精神文明中最宝贵的一部分……"萨顿告诉我们科学不仅仅是科学知识本身，在某种程度上，科学更重要的价值是科学思想、科学方法和科学精神。中国科学院院长路甬祥概括了科学精神的内涵，包括"理性求知精神、实证求真精神、质疑批判精神、开拓创新精神"等四个方面。事实就是这样，人不是知识的容器，他不可能掌握所有的知识、认识所有的真理，然而科学思想、科学方法和科学精神却能引领一个人一步步接近真理，而且能够使他正确地运用科学，使科学为人类造福，而不是走向反面。

这些综合起来就是当下社会所倡导的人的科学素养。科学素养不仅关系到公民个体生存发展的方方面面，还关系到一个民族、一个国家的未来。人民日报曾经发表过一篇社论，社论说："公众素养是科技发展的土壤。离开了这个群众基础，即使我们能够实现'上天入地'，也很难持续不断地推动创新。"提高公众的科学素养是我们当下较为紧迫的任务，而教育应该是完成这一任务最为主要的途径。欣喜的是，我们的教育已经关注到了这一点。新修订的《义务教育初中科学课程标准》明确指出："具备基本的科学素养是现代社会合格公民的必要条件，是学生终身发展的必备基础。科学素养包含多方面的内容，一般指了解必要的科学技术知识，掌握基本的科学方法，树立科学思想，崇尚科学精神，并具备一定的应用它们处理实际问题、参与公共事务的能力。"应该说，这是对科学素养的一种立体诠释。

问题在于我们的学校科学素养教育应该如何开展？仅凭学校开设的自然和科学，甚或数理化等课程是不够的，即便这些课程已经尽力关注并安排了科学思想和科学精神的内容，但限于课时、限于课程结构体系，无法让学生在完成课业目标的同时从科学认知走进科学情意，也无法让学生在学习知识方法的同时加强科学价值观的培养，学生甚至难以体会到科学精神在日常生活中的应用，更不用说在社会生活中的应用了。南京师范大学出版社推出的《中小学生科学阅读文库》当是一个有益的尝试——让学生在阅读中享受科学的乐趣，在潜移默化中感悟科学思想，在不知不觉中培养科学精神，当然，也在赏图悦读中学到科学知识。从这套读本的编排可以看到策划者以及作者对人文、科学和教育的理解与热忱、投入与功力。我相信，有了这样的读物，这样的尝试，一定会给科普工作打开一扇新的窗口，对素质教育也是一件非常有益之事。

我深深相信，一定会有更多的科学工作者、教育工作者、出版工作者联起手来，投身到科学素养教育的事业中来。

是为序。

江苏省科学技术协会副主席　冯少东

目　录
Contents

1. "发明大王"爱迪生 …………………（02）
2. 蒸汽机之父——瓦特 ………………（05）
3. 读万卷书行万里路——徐霞客的故事 …（08）
4. 从放牛娃到院士——气象学家黄荣辉的故事 …………………………………（11）
5. 导弹之父——钱学森 ………………（14）
6. 最具创造力的科学家——达·芬奇 …（17）
7. 数学家陈景润 ………………………（19）
8. 酸奶的故事 …………………………（22）
9. 法拉第的小故事 ……………………（25）
10. 跟竹篙较劲的男孩 …………………（28）
11. 欧几里得的故事 ……………………（31）
12. 天文学家哈雷的故事 ………………（34）
13. 第一个发现细胞的人——胡克 ……（37）
14. 环球航行第一人——麦哲伦 ………（39）
15. 献身火山研究——喀夫特夫妇 ……（42）
16. 微生物学的开山之祖——列文虎克 …（45）
17. 现代遗传学之父——孟德尔 ………（48）
18. 进化论奠基人 ………………………（51）
19. 计算机之父 …………………………（54）
20. 科学真理的骑兵 ……………………（58）
21. 写实地理学开山鼻祖 ………………（61）
22. 坐标系的创始人 ……………………（64）

23 J粒子的发现者——丁肇中 …………………(67)

24 近代科学开创者——牛顿 ……………………(71)

25 近代实验科学的先驱——伽利略 …………(76)

26 条件反射学说的创立人——巴甫洛夫 ……(81)

27 执著地问"为什么",串起了成功的可能
　　——内科血液学专家王振义 ……………(85)

28 星云世界的水手——哈勃 …………………(89)

29 诺贝尔生理学或医学奖获得者爱德华兹:
　　面对质疑不放弃 …………………………(95)

30 不怕承认自己的不足——尼尔斯·玻尔 ……(99)

真理是严酷的，我喜欢这个严酷，它永不欺骗。

——泰戈尔

泰戈尔（Tagore，Rabindranath），印度著名诗人、文学家、作家、哲学家，1913年获得诺贝尔文学奖。

1 "发明大王"爱迪生

电报、电话、电灯,这些东西在科技发达的今天看来是多么的普通和司空见惯,谁也不会因此而惊奇。可是你知道这些东西对于当时的人们来说是多么欣喜若狂吗?

19世纪初,英国一位化学家用2 000节电池和两根炭棒,制成世界上第一盏弧光灯。但这种灯光线太强,只能安装在街道或广场上,普通家庭无法使用。无数科学家为此绞尽脑汁,想制造一种价廉物美、经久耐用的家用电灯。

科学家爱迪生和电灯

1879年10月21日,一位美国发明家通过长期的反复试验,终于点燃了世界上第一盏有实用价值的电灯。从此,这位发明家的名字,就像他发明的电灯一样,走入了千家万户。他,就是被后人赞誉为"发明大王"的爱迪生。

被人们称为"发明大王"的爱迪生,是美国著名的科学家和发明家。但是一个只在学校读过3个月书的人,怎么会有这么多发明创造呢?我想,如果你听说过《爱迪生孵小鸡》的故事,就一定会明白,他的成功源于强烈的好奇心。

很小的时候,爱迪生就显露出了极强的好奇心,只要看到不明白的事情,他就抓住大人的衣角儿问个不停。

一天，他指着正在孵蛋的母鸡问妈妈："母鸡把蛋坐在屁股底下干吗呀？"妈妈说："哦，那是在孵小鸡呢！"下午，爱迪生突然不见了，家里人急得四处寻找，终于在鸡窝里找到了他。原来，他正蹲在鸡窝里，屁股下放了好多鸡蛋孵小鸡呢！父母看了以后，哭笑不得，只好把他拉出来，又是给他洗脸，又是给他洗衣服。

好不容易，爱迪生长到了8岁，父母把他送进了一所乡村小学读书，以为从此以后他能安安分分上学了。谁知，他仍然爱追根问底，经常把教师问得目瞪口呆、窘迫不堪。有一回上算术课，教师在黑板上写下了"2+2=4"，爱迪生马上站起来问："老师，2加2为什么等于4呢？"这个问题一下子把老师问住了，他认为爱迪生是个捣蛋鬼，专门和老师闹别扭，于是，在上了3个月的课以后，爱迪生就被老师赶回家了。

爱迪生的母亲是位伟大的母亲。她没有因为爱迪生被撵回来而责怪他，相反，她决定自己把孩子教育好。当她发现爱迪生好奇心重，对物理、化学特别感兴趣时，就给他买了有关物理、化学方面的书。爱迪生就这样照着书本，独自做起实验来。可以说，这就是爱迪生搞科学发明的启蒙教育。

长大了的爱迪生，学会了无线电收发报技术。按规定，夜班报务员不管有事无事，到晚上9点后，每小时必须向车务主任发送一次讯号。爱迪生为了晚间休息好，白天能钻研发明创造，就设计了一个电报机自动按时拍发讯号。这就是电报机的雏形。

爱迪生发明的电影放映机

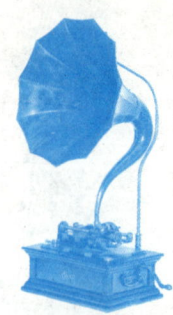
爱迪生发明的留声机

没过多久，他又对电报机进行了改进，经过多次试验，一架新式的发报机试制成功了。爱迪生望着自己发明的机器，欣慰地笑了。

人们听到这个消息，都纷纷前来观看，并称他为"最伟大的发明家"。由此可见，好奇心是一个人取得成功、展示智慧的先决条件。

你渴望智慧之花早日绽开吗？你渴望创造灵感早日到来吗？那么，就请仔细地观察生活吧！如果你想在未来的人生舞台上做一颗明亮的星，就从现在开始迈出你成才的第一步——强化你的好奇心吧！

> 爱迪生的成就固然源于他的勤奋，但这只是其中一个重要因素，促使他成功的原因是多方面的，其中有强烈的好奇心，还有永不放弃的毅力。
> 正是勤奋、好奇心、善于尝试、坚持不懈成就了爱迪生，也成就了一位造福于人类的伟人。

2 蒸汽机之父——瓦特

瓦特

你听说过"水壶的故事"吗？故事中说，瓦特小的时候，看见炉子上壶里的水沸腾了，蒸汽把壶盖顶了起来，瓦特从中受到启发，长大后发明了蒸汽机，成为著名的发明家。其实，那只不过是传说而已，瓦特发明蒸汽机并不是来自他幼时的灵感，而是吸收前人的成果和他个人艰苦努力的结果。

在瓦特之前，已经有人发明了蒸汽机，只是蒸汽机有许多缺陷，如燃料耗费太大、笨拙、应用的范围有限。

1698年，托马斯·萨弗里使用蒸汽制造真空的压缩水泵，但是此蒸汽机只限于抽水，效率极低。当时社会因为棉纺机需要动力，除了传统的水车和马力之外，希望能提供更充裕、更可靠的动力。

1705年，纽科门发明第一个有活塞的蒸汽机。但是，活塞转动一次的时间太久，而且比起它所提供的动力来，消耗燃料太多，所以经济效益不大。

瓦特决心造一台更好的蒸汽机。终于有一天，瓦特自己制造的蒸汽机开始点火了。但水沸腾起来之后，蒸汽机一动不动，水汽从里面冒了出来，屋子里搞得雾气腾腾，原来蒸汽机漏气，瓦特的第一次试验失败了。

"我一定能成功！"瓦特相信自己的能力。但是，当时，瓦特是格拉斯哥大学教学仪器修理工，大学里并不支持他制造蒸汽机。而造一台蒸汽机需要几千英镑，瓦特一年的工资也不过才35英镑，他只好向朋友求助。一个经营铁工厂和煤厂，名叫罗巴克的朋友为他提供经费，给予了他很多帮助。当试验眼看就要成功的时候，罗巴克却突然破产，瓦特又走投无路了。"瓦特，我给你带来好消息了。"正当瓦特在自己的实验室里一筹莫展的时候，好心的罗巴克四处奔走，想法为瓦特寻找支持者。"什么好消息，快告诉我。"瓦特兴奋起来，感到事情又有希望了。"伯明翰有一个铁器制造商，叫马修·博尔顿，他答应为你提供经费。"

瓦特很快赶到伯明翰，在那里，经过反复实践，终于在1769年制成了有分离冷凝器的单动式蒸汽机。此后瓦特对他的蒸汽机进行了进一步改进，使它能适用于各种机械的运动。从此之后，纺织业、采矿业、冶金业、造纸业、陶瓷业等工业部门，都先后采用蒸汽机作为动力了。

1807年，美国人富尔顿把瓦特的蒸汽机装在轮船上，从此，航运中的帆船时代结束了。1814年，英国人史蒂芬孙把瓦特的蒸汽机装在火车上，陆路运输的新时代开始了。19

1784年瓦特设计的蒸汽引擎

世纪三四十年代，蒸汽机在欧洲和北美被广泛采用，这就是所谓的"蒸汽时代"。

　　瓦特逝世于1819年，后人为了纪念他的伟大发明，把发电机和电动机的功率计算单位称为"瓦特"。现代家庭用的电灯、电暖器、电熨斗的功率都称为"瓦"，即"瓦特"的简称，也是为了纪念他为人类作出的杰出贡献。

> 每一个成功者都有一个艰难的开始。勇于开始，才能找到成功的路。

3 读万卷书行万里路——徐霞客的故事

徐霞客（1587—1641年），名弘祖，字振之，号霞客。他出生在江苏江阴一个有名的富庶之家。徐霞客幼年受父亲影响，喜爱读历史、地理和探险、游记之类的书籍。这些书籍使他从小就热爱祖国的壮丽河山，立志要遍游名山大川。

徐霞客

19岁那年，他的父亲去世了。他很想外出去寻访名山大川，但是按照封建社会的道德规范"父母在，不远游"，徐霞客因有老母在堂，所以没有准备马上出游。他的母亲是个读书识字、明白事理的女人，她鼓励儿子说："身为男子汉大丈夫，应当志在四方。你出外游历去吧！到天地间去舒展胸怀，广增见识。怎么能因为我在，就像篱笆里的小鸡，套在车辕上的小马，留在家园，无所作为呢？"徐霞客听了这番话，非常激动，决心去远游。临行前，他头戴母亲为他做的远游冠，肩挑简单的行李，就离开了家乡。这一年，他22岁。从此，直到56岁逝世，他绝大部分时间都是在旅行考察中度过的。

徐霞客在完全没有政府资助的情况下，先后游历了江苏、安徽、浙江、山东、河北、河南、山西、陕西、福建、江西、湖北、湖南、广东、广西、贵州、云南等16个省，足迹遍及大半个中国。更可贵的是，在30多年的旅行考察中，他主要是靠徒步跋涉，连骑马乘船都很少，还经常自己背着行李赶路。他寻访的地方，多是荒凉的穷乡僻壤，或是人迹罕见的边疆地区。他不避风雨，不怕虎狼，与长风为伍，与云雾为伴，以野果充饥，以清泉解渴。他几次遇到生命危险，出生入死，尝尽了旅途的艰辛。

徐霞客28岁那年，来到温州攀登雁荡山。他想起古书上说的雁荡山山顶有个大湖，就决定爬到山顶去看看。当他艰难地爬到山顶时，只见山脊笔直，简直无处下脚，怎么可能有湖呢？可是，徐霞客仍不肯罢休，继续前行到一个大悬崖，路没有了。他仔细观察悬崖，发现下面有个小小的平台，就用一条长长的布带子系在悬崖顶上的一块岩石上，然后抓住布带子悬空而下，到了小平台上才发现下面斗深百丈，无法下去。他只好抓住布带，脚蹬悬崖，吃力地往上爬，准备爬回崖顶。爬着爬着，带子断了，幸好他机敏地抓住了一块突出的岩石，不然就会掉下深渊，粉身碎骨。徐霞客把断了的带子结起来，又费力地向上攀援，终于爬上了崖顶。

徐霞客在跋涉一天之后，无论多么疲劳，无论在什么地方住宿，他都坚持把自己考察的收获记录下来。他写下的游记有二百四十多万字，可惜大多失散了。留下来的经过后人整理成书，就是著名的《徐霞客游记》。这部书40多万字，是把科学和文学融合在一起的一大"奇书"。

徐霞客的游历，并不是单纯为了寻奇访胜，更重要的是为了探索大自然的奥秘，寻找大自然的规律。如他对福建建溪和宁洋溪水流的考察，就是一例。黎岭和马岭分别为建溪和宁洋溪的发源地，两座岭的高度大致相等，可是两条溪水入海的流程相差很大，建溪长，而宁洋溪短。徐霞客经过考察，找出宁洋溪的水流比建溪快的原因。"程愈迫则流愈急"，也就是说路程越短，水流越急。这个地

理学上的著名原理，就是由徐霞客通过实地考察得出来的。他在山脉、水道、地质和地貌等方面的调查和研究都取得了超越前人的成就。

> 34年间，徐霞客的足迹遍及16个省区的名山大川，对山脉、水道、地质、地貌等方面的研究取得了超越前人的成就，是世界上考察、研究石灰岩地貌的先驱者。他所著的《徐霞客游记》被誉为是千古奇人的千古奇书。

4 从放牛娃到院士——
气象学家黄荣辉的故事

黄荣辉出生在福建省惠安县一个非常穷苦的农民家庭，父亲靠给人家当雇工或长工来养活全家。新中国成立前，他家的祖祖辈辈都没有上过学。1949年新中国成立后，家里分得土地，他才上学。由于生活十分困难，没有钱交伙食费，每星期他必须自己从家中挑几十斤白薯和柴草步行约20千米到学校。冬天再冷，他也只穿两件破烂的冬衣，直到高中毕业，他都没穿过一双买的鞋。一双木拖鞋伴他度过了整个中学时代。生活的艰辛并没有使他退却，反而更激励他勤奋读书，使他从小学到高中一直保持着优异的成绩。

1959年，他以优异的成绩考上了北京大学地球物理系。他带着家里唯一的一条被子，第一次穿着买来的鞋迈入北大这一引导他认识现代科学的学府大门。当时学校给了他最高的助学金以及冬衣和夏衣，有关领导还经常嘘寒问暖。这使他暗下决心：只有努力学习才能报答党和人民对自己的培养。就是这样一个纯朴的信念支撑他战胜了一个又一个的困难。

在科学的迷宫中，黄荣辉有时甚至忘掉一切。一年春节，研究所为每人代购了一只

气象学家黄荣辉

鸭子。分鸭子那天，黄荣辉推导有关行星波传播的数学公式，又是很晚才回家。自行车上挂着鸭子，满脑子还是数学公式。到家后，公式没推导完，鸭子却不见了。他爱人说道："你一个活人带一只死鸭子还丢了？"谁知鸭子被本所一位同事拾到并送还。因为这位同事做了一个简单的推理：我们所今天分鸭子，丢鸭子的人这么晚了才回家，这人一定是我们所的"书呆子"黄荣辉。

虽然黄荣辉有时有点"呆气"，可他更有中国知识分子的志气。1979年，他由国家派遣赴日留学，两年中，他每日工作14小时以上，有时甚至通宵达旦地在机房工作。由于他在行星波动力学研究中取得的成绩，当时的日本气象学会理事长多次挽留他在日从事研究工作，并表示要负责他在日期间的一切生活费用，但他没有答应，如期归国。美国大气研究中心一位气象学家也要给他优厚的待遇，促他赴美工作，他婉言谢绝："国家需要我赴美作合作研究时，我会去的。"

20世纪80年代，黄荣辉的成就引起国际同行的重视。科学无国界，中国人的成就在国际大气科学界引起一连串的反响：

"我正在撰写一篇回顾文章，很想引用您文章中所得的结果。"此信来自美国麻省理工学院。

"在我的文章脱稿之后，中国的黄博士已发表了他用三维多层模式的研究成果，我的结果与他们的结果相类似。"英国一位著名大气动力学家在文章中引用黄荣辉的成果时作了上述说明。

作为世界知名的科学家，黄荣辉并没有忘记前黄村，那个养他育他的闽南小山村。他始终保持着一颗质朴的赤子之心，对故乡、亲人、朋友永远怀着一种朴素深厚的情感。

2005年，黄荣辉在夫人的陪同下再一次踏上了这片他曾经赤着脚走了无数次的土地。黄荣辉又来到他从前就读过的小学，激励同学们要好好学习，将来把我们国家的科学技术发展起来。

黄院士曾说:"我是由一个放牛娃成长为一名中科院院士的,我做的一些事情主要是党多年教育的结果,再就是个人的努力。一个人活在世上要有理想,不是为了谋生。对名誉我看得很淡,我认为最重要的是要有一种精神,要为科学发展扎扎实实作点贡献,为国家为人民解决一点实际问题。"

黄荣辉,中国科学院院士,气象学家,现任中国科学院地学部常委,中国气候研究委员会常务副主任。这个故事让我们了解到黄荣辉从一个贫苦人家的孩子成长为一名知名院士的经历,他的成功秘诀是:勤奋+执著。

5 导弹之父——钱学森

钱学森是世界著名的火箭专家，是我国的"导弹之父"，中国科学院院士、中国工程院院士，是我国近代力学事业的奠基人。

科学家钱学森

"我一直相信，我一定能够回到祖国的，今天，我终于回来了！"这是钱学森于1955年10月8日从美国回到广州时，对接待他的中国旅行社同志所说的一句万分感慨的话。同他一起回国的还有他的夫人和两位幼儿。

钱学森1934年毕业于上海交通大学机械工程系，1935年赴美国研究航空工程和空气动力学，1938年获加利福尼亚理工学院博士学位。后留在美国任讲师、副教授、教授以及超音速实验室主任和古根海姆喷气推进研究中心主任。

钱学森回国的道路是艰难的，当他在美国得知新中国于1949年10月1日成立时，他的心中萌发起一个强烈的愿望：早日回到祖国，用自己的专长为国家建设服务。

于是他向美国海军次长金布尔说明，他准备立即动身回国。金布尔听后大为震惊。他认为："钱学森无论放在哪里，都抵得上五个师。"他还大声喊道："我宁可把他枪毙了，也不让这个家伙离开美国！"钱学森只不过是要回国，金布尔为什么会发那么大的火，表现得那么着急呢？因为他知道钱学森是个人才，他的知识和能力要是为中国服务，很可能会对美国产生威胁。

从那以后，钱学森不断受到美国移民局的迫害，行动处处受到移民局的限制和特务的监视，他们不许他离开洛杉矶，还定期查问他。然而，钱学森热爱祖国的赤子之心反而更加强烈了。他日夜思念着新中国，坚持斗争，不断地向移民局提出回国的要求。1955年6月的一天，钱学森摆脱特务的监视，在寄给在比利时亲戚的信中，巧妙地在香烟纸上写了一封信，并顺利地转到了周总理的手里。1955年10月，经过周恩来总理在中美外交谈判上的努力，钱学森同志终于冲破重重阻力回到了祖国。自1958年4月起，他长期担任火箭导弹和航天器研制的技术领导职务，为中国火箭和导弹技术的发展提出了极为重要的实施方案——为中国火箭、导弹和航天事业的发展作出了不可磨灭的巨大贡献。

导弹升空

众所周知，钱学森在导弹方面的研究举世瞩目，但钱爷爷更加关心我国科学事业的发展，更加关心我们下一代的成长问题。比如在普及科技知识方面，他就谈到了如何更好地办好科技展览的问题。他说，展览是一种行业、一门科学、一门艺术，不是随随便便就能办得好的。如何办好展览？钱爷爷强调了展览的设计问题。他说，展览的设计很重要，展览好比是一场演出，演出需要导演，而我们的展览也需要总设计师，他的工作就是要让大家知道，这次的展览是做什么的，是关于什么样的展览。如果主题和目的不明确或者离开主题和目的去搞一些花样，参观后留不下什么印象，成了过眼烟云，那展览的效果就不会好。我们现在设计展览，心中要有一个总的主题。钱爷爷的观点，你同意吗？

科学真理的骑兵

钱学森爷爷有着一颗滚烫的爱国之心,他抛弃了在美国的优越生活,冒着生命危险回到祖国的怀抱。他用很短的时间为中国研制了导弹,改变了世人对中国的看法。同时,他又十分关心青年一代的成长,在人生的最后阶段他说:"今天,党和国家都很重视科技创新问题,但我觉得更重要的是,要培养具有创新思想的人才……"他人生中最后一次系统的谈话留给我们深深的思考……

6 最具创造力的科学家——达·芬奇

达·芬奇

据说，有一位科学家可以用一只手描绘草图，同时用另一只手进行记录。他作为一名科学家和实用数学家的名声，在很多年里都被他的艺术家头衔所掩盖。他的名作《蒙娜丽莎》、《最后的晚餐》等一直为人称颂。但是，他在科学领域的旷世才华，直到他去世好几百年后才得到世人的完全承认。这个人比他所在的时代超前了500年。当其他人还在以航船的理念进行思考时，他已经想到飞机了。不仅如此，当人们正忙着镇压巫术的时候，他已经在研究人体的器官了。在那个无知与迷信盛行的时代，他居然成功地对30多具尸体进行了解剖。

在50岁时，这位科学家设计了佛罗伦萨运河网，这一设计一直沿用至今。他同时也是水力学和流体力学的奠基人。他对机械钟的工作原理进行了研究，这种钟和落地大摆

达·芬奇设计的机械

钟一样都是由重力驱动的。他发明了测定风速和湿度的仪器。他的"天线螺旋桨"可以说就是一种直升机——其动力来源于发条，就像钟表一样。

这位科学家逝世于1519年5月2日——他无疑是迄今为止这个世界上最具创造力的人之一。

你知道这位科学家是谁吗？他就是达·芬奇。

> 读过达·芬奇画鸡蛋的故事吗？读一读，你就会知道，无论多么伟大的人，都是从很简单、很普通的事情做起的。

7 数学家陈景润

1742年,德国数学家哥德巴赫给大数学家欧拉写了一封信,他在信中提出了两个猜想,第一个猜想是:任何一个大于2的偶数,都是两个素数之和;第二个猜想是:任何一个大于5的奇数,都是3个素数之和。欧拉给哥德巴赫回信说,他相信这两个猜想是对的,但是他不能证明。

数学家陈景润

20世纪以前对哥德巴赫猜想的研究,仅限于做一些数值上的验证工作,提出一些等价的关系式,或对之做一些进一步的猜测。1900年,德国数学家希尔伯特在第二届国际数学家大会上提出的著名的23个希尔伯特问题之中的第8个问题,就包括了哥德巴赫猜想。希尔伯特将哥德巴赫猜想作为19世纪最重要的未能解决的数学问题之一,留给20世纪的数学家们解决,这引发了数学家的极大兴趣,但对于哥德巴赫猜想的研究仍旧毫无进展。

数学家哥德巴赫

1912年第五届国际数际数学家大会上,德国数学家朗道将哥德巴赫猜想列为数论中按当时数学水平不能解决的4个问题之一。1921年,英国的大数学家哈代曾经在哥本哈根数学会议的一次演讲中声称:"哥德巴赫猜想的困难程度可以与任何一个已知的数学难题相比。"

哥德巴赫猜想相当困难。事实上,从

1742年这个猜想正式出现，到20世纪初期，在超过160年的时间里，尽管许多数学家对这个猜想进行了研究，但都没有取得任何实质性的进展，也没有获得任何有效的研究方法，直到20世纪20年代才出现了第一次重大突破，并且此后陆续有了一些进展。

目前关于哥德巴赫猜想证明的最佳结果，就是陈景润在前人研究基础上推出的"陈氏定理"，他在1973年发表了"1+2"的证明，其中对筛法作出了重大的改进，提出了一种新的加权筛法。因此"1+2"也被称作是陈氏定理。现今数学家们普遍认为，陈景润使用的方法已经将筛法发挥到了极致。

陈景润原是厦门大学图书馆的管理员，1956年，他寄给华罗庚一篇题为《塔内问题》的论文，对华罗庚《堆垒素数论》中的5个定理进行了修改，华罗庚看后说："他（指陈景润）真有想法！"随即把陈景润调到数学所。

陈景润兴奋地注视着国内外数学家关于哥德巴赫猜想的研究，在数学所他对人说："我不想和中国人比高低，我要和外国人比高低！"1965年冬季的一天，陈景润交给王元一篇论文，题目是《表大偶数为一个素数及一个不超过两个素数的乘积之和》，论文共有50多页。经过认真研究，王元宣布：论文的论证是正确的，同时也提出证明还要进一步简化。

1972年，陈景润在《中国科学》发表了一篇关于研究哥德巴赫猜想的论文，题目是《表大偶数为一个素数及一个不超过两个素数的乘积之和》，共有20多页。他把原来的证明做了大量的简化与改进。王元等人看了论文后，惊喜地发现：从1960年到1972年，陈景润研究哥德巴赫猜想，做出了超越前人的独创性成果，既超过了国内的水平，也超过了国际上的先进水平。

从哥德巴赫提出那个著名的猜想，到陈景润的论文发表，中间经过了200多年的漫长岁月，有多少数学家绞尽脑汁，呕心沥血地钻研它，最后都失败了。也正是如此，陈景润的成功就格外引人注目。

英国数学家哈伯斯坦和李希特合著的《筛法》一书，写完了10章，正准备出版时，"陈氏定理"忽然问世，作者决定推迟出版，又立即以《陈氏定理》为题专门写了第11章。

1979年，法国出版了古今一千多位大数学家的传记，陈景润也名列其中。

陈景润把"哥德巴赫猜想"的证明推前了一大步，被誉为数学桂冠上的明珠。"哥德巴赫猜想"的证明是一朝一夕的事吗？当然不，如果没有持之以恒、夜以继日的计算证明，可能至今仍没有结果。陈景润成功的秘诀是什么呢？就是持之以恒。

8 酸奶的故事

新鲜的全脂或脱脂牛奶里加入5%的糖（或不加糖），用低温消毒法杀死那些不耐高温的微生物，冷却后加入适当的乳酸菌置于恒温箱内进行乳酸发酵，发酵后的成品就是酸奶。

今天，作为一种营养丰富、老幼皆宜的饮料，酸奶已成为大众化食品。然而，200多年前，它还是使人"闻"而却步的奇货呢！1784年，两位土耳其人把酸奶带到美国，以后又传到欧洲，就因为它有股酸味，长期不被人正眼看待。

据说酸奶的故乡在保加利亚。很久以前，当地以游牧为生的色雷斯人每天随着畜群游荡在大草原上，就像今天的人们带着饭盒上班一样，他们喜欢把灌满羊奶的皮囊背在身上。在体温和气温的双重作用下，皮囊里的羊奶常常变酸，并呈渣状，如果把少量的这种酸味奶渣倒进煮过的奶中，过不了多久，煮过的奶也会变酸。色雷斯人很喜欢这种酸味奶，并不断寻找操作更简便、效果更佳的制作方法，如在奶中加入带酸味的野生植物，或加入带酸味的面包。色雷斯人还用布巾来保存做酸奶的酵母。他们把干净的布巾在酸奶中浸泡后晾干，等下次做酸奶时，再把晾干的布巾泡在煮过的奶中。

20世纪初，俄国科学家伊拉·梅奇

杯装酸奶

尼科夫在研究人类长寿问题时发现，人体大肠是非常适合腐败细菌生存的场所，而这种细菌对人体危害极大，是造成人早衰、减寿的重要原因。这位曾因在白细胞的研究领域取得显著成果而获1908年诺贝尔奖的科学家，为了对付这类危害人类的细菌曾到许多国家去做调查。伊拉·梅奇尼科夫在对36个国家人口寿命数据进行对比后发现，保加利亚的百岁老人比例最高。研究人员认为这个结论是错误的，因为保加利亚的气候条件与其邻国没有任何差别。为此，研究人员又做了一遍调查，结果仍然一样，因此科学家们便开始好奇，究竟是什么原因导致了这一现象。科学家开始将注意力转向保加利亚人的饮食。研究发现，保加利亚人饮用酸奶的数量居各国之首。在著名微生物学家马索尔教授的推荐下，保加利亚的格里戈罗夫开始把全部的精力用在研究保加利亚酸奶的成分上。

最终，1905年一个美丽的清晨，格里戈罗夫辨识出了一种杆状的细菌，这种被命名为"保加利亚乳杆菌"的杆菌，能够有效地消灭大肠内腐败细菌，改善肠道菌群状态，活化免疫功能，抑制致癌物质的产生。

这一研究成果引起了西班牙商人伊萨克·卡拉索的兴趣，酸奶成了他的新的一条生财之道。不过，他不是把酸奶当做食品卖，而是当做药品在药房销售，生意一直不太理想。第二次世界大战爆发后，伊萨克·卡拉索到美国建立了一家酸奶厂，并利用广告大肆宣传。这次，他改变了宣传策略，让人们相信酸奶具有延年益寿、生发美容的功效，以此来扩大销路。这一招儿还真灵，酸奶很快引起了消费者的广泛注意，不久便在全世界流行开来。

2006年，为了纪念格里戈罗夫并更好地宣传保加利亚酸奶，他的出生地"冷泉"村所在的特伦市在格里戈罗夫故居的旁边修建了世界上首家以酸奶为主题的博物馆。酸奶博物馆由当地典型的民宅

科学真理的骑兵

改造而成。一楼展厅陈列保加利亚百姓盛装家酿酸奶的器皿，二楼展厅有现代化工厂加工酸奶的流程工艺模型，展厅的墙上挂满了与保加利亚酸奶有关的各种图片。

> 据说，酸奶距今已有4 000年的历史，早在公元前很多年，居住在土耳其高原的古代游牧民族就已经制作和饮用酸奶了。最初的酸奶可能起源于一个偶然的机会。可见，一次意外的实验，一次有趣的尝试，都可能成就一项惠及人类的大发明。善于思考，勤于动手吧!

9 法拉第的小故事

法拉第

  法拉第于1791年出生在英国伦敦附近的一个小村里。他的父亲是个铁匠，体弱多病，收入微薄，仅能勉强维持生活的温饱。但是父亲非常注意对孩子们的教育，要他们勤劳朴实，不要贪图金钱地位，要做一个正直的人。这对法拉第的思想和性格产生了很大的影响。

  法拉第家里实在是太穷了，小法拉第是饥一餐饱一顿地长大的。他后来回忆说，有时候爸爸妈妈一个星期只给他一个面包吃。

  穷成这个样子，法拉第当然没上过学。因而法拉第幼年时没有受过正规教育，只读了两年小学。他从小就去当听差，当报童，13岁时便到一家书店里当了学徒。那个时代书刊和报纸是奢侈品，小法拉第专门为订户送报，送完一户跑一户。后来他开始学装订，并且在装订之余看书。

  有一次法拉第装订一本书，书名叫《关于化学的对话》。他看这本书入了迷，用仅有的钱买了药品，按照书里的方法做起实验来，从此他对科学产生了浓厚的兴趣。

  法拉第读的书越来越多，于是他用废纸订成笔记本，摘录各种资料，有时还在笔记中配上插图。当时，他就从《大英百科全书》

里学到了许多电学知识。

后来，法拉第去听著名科学家戴维的科普报告，便把笔记本呈送给了戴维。经戴维推荐，法拉第成了英国皇家学会实验室的助理，从此法拉第走上了科学研究的道路。

当时科学家们相信：电流既然可以产生磁场，那么磁也应该能够生电，但是，戴维和法拉第研究了10年，都没有找到用磁生电的办法。虽然这样，法拉第仍然没有灰心，他有信心在磁生电上取得突破。

1831年8月，法拉第做了一个新的装置。他在一个直径为6英寸的铁环的半边，用铜丝绕成线圈，接上电流计；在铁环的另一半也绕了一组线圈，然后接到电源上。

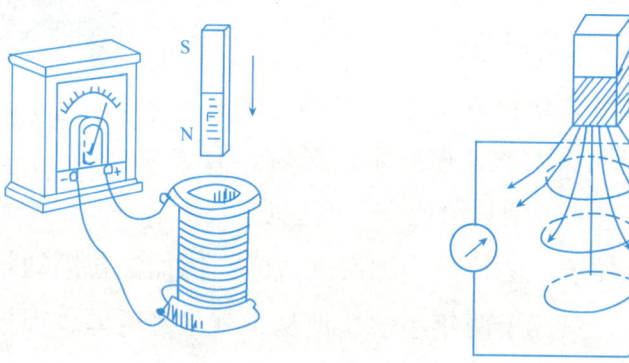

法拉第电磁感应

"合闸！"法拉第亲眼看到那电流表的指针摆动了。可是，他再定眼一看，那电流表的指针又指向了零，这是为什么呢？法拉第决定断开电源再重新做一下实验，谁知，在断开电源时，指针又摆动了，但是这一次的方向与上次相反。法拉第总想让第二个线圈产生持续的电流，可是实验的结果总是只有在合闸和断电的一瞬才能"感生"出电流来。

法拉第不但善于实验，更善于思考。他想，使电流"感生"出来的应该是一个运动着的磁场。于是，他把一块条形磁铁插进空心线圈，电流计上的指针摆动了，磁终于产生电啦。

法拉第成名以后，世界各国赠给他的荣誉头衔有94个，但是他说："我承认这些荣誉很有价值，不过我从来没有为追求这些荣誉而工作。……科学家不应是个人的崇拜者，而应当是事物的崇拜者。真理的探求应是他唯一的目标。"

对某一项科学知识发生兴趣，就应该付出时间和精力认真地去研究，这是法拉第成功的秘诀。

10 跟竹篙较劲的男孩

在美国的宾夕法尼亚州，有一个地方，本来叫兰卡斯特，后来，它被改叫富尔顿了，这是为了纪念世界上第一艘蒸汽动力轮船的发明者——罗伯特·富尔顿！

童年时代的富尔顿就特别爱思考问题，而且他的双手非常灵巧。他喜欢自己做一些奇形怪状的小玩具和小伙伴们一起玩。

罗伯特·富尔顿

可是，小富尔顿家的日子过得很艰难，直到9岁，他才上学读书。而且没读几年，他就因为家境贫困而辍学，不得不到一家珠宝店去当学徒。

幸运的是，珠宝店附近有一家枪炮修造厂，器械制造、修修补补的活儿最对小富尔顿的胃口了。所以，一忙完店里的活儿，小富尔顿就往枪炮修造厂跑，去看工人们修造枪炮机械。他还不时地给工人们递送工具，打打下手。等工人们忙完了，小富尔顿就向工人们请教有关机械方面的知识。慢慢地，他学到了不少制造气枪的技术和各种枪械的校验方法。

过了不久，在修造厂一位工人的指导帮助下，小富尔顿成功地制造出了一支新颖美观的气枪！工人们纷纷向他投来赞许的目光，夸他是个聪慧能干的孩子。这让小富尔顿备受鼓舞。从此，他对机械制造更加感兴趣了，很快便掌握了机械制造方面的许多技能。

一个休息日，小富尔顿约了几个小伙伴，一起划着小船去附近的小河钓鱼。为了能去远一点、僻静一点的地方钓鱼，大伙儿轮流用竹篙撑船，让小船向前行进。可是，撑船太费力了，只撑了一会儿，小伙伴们就个个喊累。看到大伙儿一个个累得气喘吁吁，小富尔顿心想："要是能想个办法，让船能在水中轻松前行，那该多好啊！"

小船终于到了目的地，小伙伴们都开始钓鱼了。可小富尔顿却一个人待在船上，静静地琢磨着这个问题："如果有一种东西能让船自动行走，不再用人力来撑篙，就好了！"他一会儿死盯着竹篙发呆，一会儿又拿竹篙在船两边划拉。

小伙伴们看着奇怪："富尔顿怎么跟竹篙较上劲了呢？想干什么呀？"

此时，小富尔顿根本顾不上理会小伙伴们，他一直在琢磨：要是把竹篙换了，在船的两边各装一个手摇桨，控制手摇桨让船前行，应该比用竹篙撑船前行轻松许多吧？当他把自己的想法讲给小伙伴们听时，小伙伴们却说："你瞎折腾什么啊？快钓鱼吧，我们都钓了好几条了，再胡思乱想，你可就要空手而归了！"

可是小富尔顿的心思已经不在钓鱼上面了，他一会儿在船的两边用手比划着手摇桨，一会儿又坐在小船上在心里设计着手摇桨。

钓鱼回来后，小富尔顿可没闲着。经过几天的反复试验，他真的做了两个类似水车的手摇桨。他把手摇桨装在小船上，用手轻轻一摇，船真的往前行驶了！

"哇，富尔顿，你太聪明了！"围观的伙伴们纷纷向他竖起了大拇指。

"这不算什么，将来，我一定要制造出能跑得更快更省力的船！"一粒梦想的种子从此埋在了小富尔顿的心田。

科学真理的骑兵

  此后,富尔顿一直为这个梦想而努力。终于,在他42岁那年的夏天,富尔顿成功地制造出了世界上第一艘蒸汽动力轮船——"克莱蒙特号"!

  这艘船长45米、宽4米,是个比塞纳河中的船更神气的大家伙。不料,刚开出不久,"克莱蒙特号"不动了。人们骚动起来,有人嚷道:"富尔顿,你的那个蠢物真蠢啊!"可这只是一个小小的机械故障,富尔顿修理后马上排除了故障。在人们的嘲笑声中,机器声又响起来了,一位贵妇人惊叫起来:"天哪,那蠢物又动了!"是的,"克莱蒙特号"正以每小时4英里(约6.4公里)的速度破浪前进,机器的轰鸣声和浪花的飞溅声向人们证实:富尔顿成功了!

> 只要我们愿意深入钻研,生活中遇到的麻烦和问题常常会成为创造和发明的最初动力。

11 欧几里得的故事

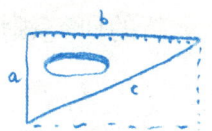

如果要问,古往今来,在浩如烟海的科学著作中,发行最广、沿用时间最长的书是哪一部?肯定的回答是:欧几里得的《几何原本》。

欧几里得

欧几里得是公元前3世纪希腊的数学家,他是我们现在所学的欧氏几何的创始人,历史上称之为"几何学之父"。

最早的几何学兴起于公元前7世纪的古埃及,后经古希腊数学家传到古希腊的都城,又经毕达哥拉斯学派系统奠基。在欧几里得以前,人们已经积累了许多几何学的知识,然而这些知识当中,存在一个很大的缺点和不足,就是缺乏系统性。

因此,随着社会经济的繁荣和发展,特别是随着农林畜牧业的发展、土地开发和利用的增多,把这些几何学知识加以条理化和系统化,成为一整套可以自圆其说、前后贯通的知识体系,已经是刻不容缓、科学进步的大势所趋。欧几里得通过早期对柏拉图数学思想,尤其是几何学理论系统而周详的研究,已敏锐地察觉到了几何学理论的发展趋势。他下定决心,要在有生之年完成这一工作。

经过欧几里得忘我的劳动,终于在公元前300年结出丰硕的果实,这就是几经易稿而最终定形的《几何原本》一书。这是一部传

世之作，几何学正是有了它，不仅第一次实现了系统化、公理化，而且又孕育出一个全新的研究领域——欧几里得几何学，简称欧氏几何。

欧几里得把毕生的精力献给了科学事业。他一生刻苦钻研，治学严谨，他在科学事业上的伟大成就，正是通过自己的辛勤劳动换来的。因此，他始终反对那种不想付出辛勤劳动，而指望通过走捷径、投机取巧来取得成绩的治学态度。下面的两个小故事很好地反映了他的这个性格。

曾经有一个聪明的年轻人提出要向欧几里得学习几何，欧几里得答应了他的要求。那个年轻人跟随欧几里得学习了一段时间后，产生了畏难怕苦的情绪，想打退堂鼓。有一次，他向欧几里得提了这么一个问题："欧几里得先生，我这么辛苦地学习几何学，在我学成之后，我会得到什么好处呢？"欧几里得听了以后，没有直接批评他，而是幽默地对身边的侍者说："快去拿3个金币给这位先生，因为他想在学习中获取实惠。"一席话让那个年轻人闹了个大红脸。

另一个故事说，当时统治埃及的托勒密国王为了赶时髦，想学一点几何学。他自命"天赋圣明"，认为无论对于什么事情，他都能一看就懂、一学就会。可当他翻阅了13卷《几何原本》之后，皱起了眉头来。他转念一想，又自作聪明地认为，这类"繁琐说教"乃是专为凡夫俗子而设的，像他这般富有的天子，肯定另有一条捷径。于是他问欧几里得："学习几何学除了看《几何原本》之外，有没有其他的捷径？"欧几里得笑道："陛下，很抱歉。在学习科学的时候，国王和百姓都是一样的。科学上没有专供国王走的捷径。学习几何学，人人都要独立思考，就像种庄稼一样，不耕耘就不会有收获的。"从此之后，"几何无王者之道"就成为学习数学的箴言而流传至今。

读了这两个小故事,你是否受到些启发?欧几里得之所以成为伟大的数学家,是因为他勤奋工作。同样道理,我们要想取得好的学习成绩,也必须有刻苦钻研、锲而不舍的精神。如果像那个年轻人和国王一样,在学习中畏难怕苦、投机取巧,只会一事无成。

在学习科学的时候,国王和百姓都是一样的。人人都要独立思考,不耕耘就不会有收获。

科学真理的骑兵

12 天文学家哈雷的故事

哈雷

1656年，一个名叫哈雷的孩子在英国伦敦附近的一个小镇上出生了。由于父母重视对孩子的教育，他们从哈雷小时候起就教他学习好几种外语，所以到了他十来岁的时候，就已经精通希腊文、拉丁文和希伯来文了，数学成绩也比同龄孩子高出许多。

哈雷17岁那一年，考进了著名的牛津大学。在牛津大学，哈雷对天文学产生了极大的兴趣，并且开始研究天体。

在研究天文学的历史时，他知道丹麦有一个名叫第谷的天文学家，曾经绘制过一张恒星图。哈雷找来第谷的恒星图仔细观看研究，发现那图存在着严重的缺陷。因为第谷只是位于地球的北半球观察天象，有许多天象他没有看到。

为了弥补第谷观察天象的缺陷，20岁的哈雷下决心要到地球的南半部去。他对父亲说："爸爸，我要做的事情非常重要，很有意义，希望得到您资金上的支持。"父亲被感动了，给了他一笔钱。哈雷买了一架在当时算是比较先进的望远镜和其他一些必备的仪器，信心百倍地出发了。

哈雷乘船登上了地处南半球的圣赫勒纳岛。岛上天气多变，阴多晴少，不仅不利于天文观察，而且生活极其艰苦。由于没有足够

34

的食物和生活必备物品，常常是饥一顿饱一顿，同时还要面对各种传染病的威胁。艰苦和困难没有吓倒哈雷，他以无比的毅力克服了困难，终于完成了他独立制作的星象图。

当他将自己绘制的星象图公之于世后，引起了科学界的轰动。

哈雷是个不同凡响的人物。他当过船长、地图绘制员、牛津大学几何学教授、皇家制币厂副厂长、皇家天文学家，是深海潜水钟的发明人。他写过有关磁力、潮汐和行星运动方面的权威文章，还天真地写过关于鸦片的效果的文章。他发明了气象图和运算表，发现了恒星的自行，提出了利用金星凌日的机会测算地球的年龄和地球到太阳的距离的方法，甚至发明了一种把鱼类保鲜到淡季的实用方法。他还发现了月亮运动的长期加速现象，为精密研究地月系的运动作了重要贡献。

哈雷最广为人知的贡献就是他对一颗彗星的准确预言。

在哈雷25岁那一年，他认识了巴黎天文台台长葛西尼。由于共同的兴趣，两人一见如故，成了极好的朋友。葛西尼一直在研究彗星，哈雷对彗星也有兴趣，于是两人合作一起观察彗星。合作了一年以后，哈雷回到了英国，继续着他的彗星观察和研究。不久他就发现彗星运行的轨道基本上与行星一样，都是绕着太阳走，只不过彗星运行的椭圆轨道长轴比较长，所以只有在它们比较接近太阳时人们才能看见它们。

哈雷聚精会神地研究彗星，为此投入了全部精力。他选了24颗彗星，把历史上321年中有关它们的运行轨迹加以计算和对比，发现其中的3颗彗星轨道十分相似，分别出现于1531年、1607年和1682年。哈雷认为这可能是同一颗彗星，于是他翻阅了所有关于彗星的文献，终于发现了这颗彗星运行的规律：每隔75年或76年它就会飞临地球一次。哈雷预言："这颗彗星将在1758年或1759年再度

出现!"

如果哈雷能活到他预言的1758年，到那时他已经是102岁的老人了。他认为自己活不到那一年，所以说："如果它真的在我预测的时间出现，请别忘记这是一位名叫哈雷的英国人预测出来的。"

哈雷是1742年逝世的，那年他86岁。16年以后，也就是1758年的圣诞节前夜，天空中出现了一颗光芒四射的彗星，哈雷的预言应验了。

为了纪念献身于天文事业的哈雷，天文学家们将他发现的这颗彗星命名为"哈雷彗星"。

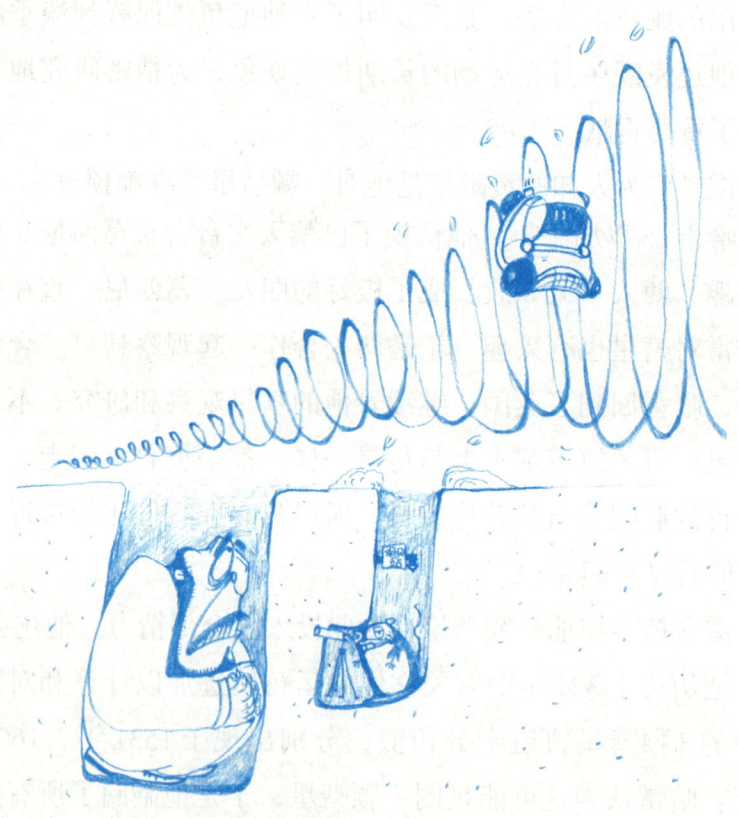

面对浩瀚的星空，如果我们在欣赏其美丽的同时，学会计算、对比和思考，也许也能成为与哈雷一样有杰出贡献的人呢！

13 第一个发现细胞的人——胡克

罗伯特·胡克

罗伯特·胡克1635年出生于英国。父亲是当地的教区牧师。胡克从小体弱多病,性格怪僻,但却心灵手巧,酷爱摆弄机械,自制过木钟、可以开炮的小战舰等。1648年,胡克的父亲逝世,随之家道中落。13岁的胡克被送到伦敦一个油画匠家里当学徒,后来当过教堂唱诗班的领唱,还当过富豪的侍从。在威斯敏斯特学校校长的热心帮助下,胡克修完了中学课程。1653年,胡克进入牛津大学贝利奥尔学院作为工读生学习。在这里,他结识了许多颇有才华的科学界人士。20岁那年,胡克开始应用显微镜来进行生物研究,他将蜜蜂的刺、苍蝇的脚、鸟的羽毛、鱼的鳞片以及跳蚤、蜘蛛等,用显微镜详细地予以观察比较。

1665年,胡克根据英国皇家学会一个会员提供的资料设计了结构相当复杂的显微镜。他用自制的显微镜观察切得很薄的软木片,结果发现了他以前从未见过的现象。在他的研究报告中,他生动细腻地描述了自己的新发现:"我拿了一块干净的好软木,用磨得极锋利的小刀切下一片,使其表面极为光滑,然后在显微镜下很用心地观察。我想我可以看出它是有多孔性的,但我不能看得很清楚,说

这些一定是孔洞，但看不出它们的形状。要不是软木这样轻而且容易变形，那就绝不会有这样奇异的现象。我想，假使我能再用心一点，我就可以用显微镜把它看清楚。……这次我非常清楚地看见软薄片全部多孔多洞，很像蜂巢，只是它的孔洞不规则，但很多特点都与蜂巢相似。比如，它的固体物质很少，与所含的空穴相比……空洞的间隔与空洞相比是薄极了，正像蜂巢中的薄蜡膜（即包围的六角小室）与蜂巢空洞相比一样。其次，这些空洞或细胞（Cell）并不很深，而是由许许多多的小匣组成，是一连续的小孔，用膜壁隔开着……"

这的确是一个伟大的发现！不过胡克当时看到的是一些死细胞，没有内含物的细胞的空架子，是细胞的外壳——细胞壁。但胡克用的"细胞"一词，一直沿用了下来。直到19世纪30年代，人们才真正认识了细胞，认识到细胞是动植物的结构单位。这就是细胞学说——19世纪自然科学的三大发现之一。

胡克设计制造了真空泵、显微镜和望远镜等，并将用显微镜观察所得写成《显微图集》一书。在新技术发明方面，他发明的许多设备至今仍在使用。我们还需更进一步走近胡克呢！

14 环球航行第一人——麦哲伦

麦哲伦1480年生于葡萄牙北部的一个骑士家庭。10多岁时左右进入王宫服役，充当王后的侍从。16岁时进入葡萄牙国家航海事务厅，因而熟悉航海事务的各项工作。

麦哲伦坚信地球是圆形的，并下定决心一定要做一次环球探航。1513年麦哲伦请求葡萄牙国王允许他组织船队进行环球探险。然而国王却不

麦哲伦

理睬他，绝望的麦哲伦只好在1517年离开葡萄牙，投奔西班牙塞维利亚城的要塞司令。要塞司令非常欣赏他的才能和魄力，不仅把女儿嫁给他，还向西班牙国王举荐了他。麦哲伦的环球航行计划得到了西班牙国王的批准。

1519年9月，麦哲伦率领一支由200多人、5艘船组成的浩浩荡荡的船队，从西班牙塞维利亚城的港口出发，开始了环球远洋探航。经过两个多月的海洋漂泊，船队越过大西洋来到巴西海岸。船队沿海岸向南继续航行，在第二年1月来到了一个宽阔的大"海湾"。

"海峡找到了！海峡找到了！"海员们高兴地欢呼起来，以为到达了美洲的南端，可以进入新的大洋了。然而随着船队的前进，他们发现海水变成了淡水，原来此处只是一个宽广的河口，这就是今天乌拉圭的拉普拉塔河的出口处。

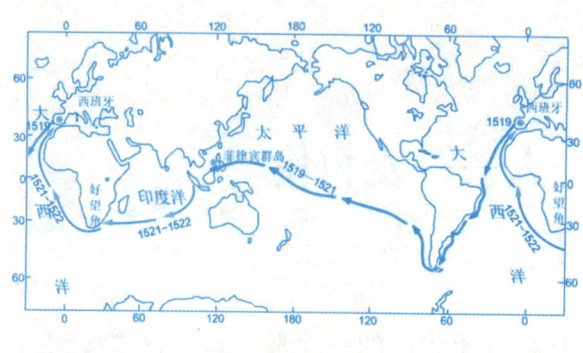

麦哲伦航海路线图

船队继续向南前进。南半球与北半球的季节刚好相反，3月的南美洲已临近冬季，风雪交加，航行极其困难。3月底，船队来到圣胡利安港，并在这里抛锚过冬。

经过近5个月的休整，到了这个地区春暖花开的季节，麦哲伦又率领船队出发了。由于有一艘船在5月的探航中沉没，此时只剩下4艘船了。

两个月后，船队在南纬52°处发现了一个海峡。这个海峡弯弯曲曲，忽窄忽宽，港汊交错，波涛汹涌。麦哲伦派出一艘船去探航，然而这艘船却调转船头逃回了西班牙。麦哲伦只好率领剩下的3艘船像钻迷宫似的在海峡中摸索着前进。在这个海峡迂回航行一个月后，他们终于走出海峡，见到了浩瀚的大海。向来以沉着、坚定著称的麦哲伦激动地掉下了眼泪。为了纪念麦哲伦这次探航的功绩，后人把这个海峡命名为"麦哲伦海峡"。船队在这片大洋中航行了3个多月，海面一直风平浪静。因此，他们就为它取了个名字叫"太平洋"。

1521年3月初，在水尽粮绝、人人疲乏虚弱之际，船队来到了富饶的马里亚纳群岛，受到当地居民的热情款待。3月底船队来到了菲律宾群岛。当麦哲伦从马六甲带来的仆人亨利用马来语与当地土著人对上话时，麦哲伦是多么激动啊！他环球航行的梦想终于要实现了，他从西方向西航行终于到达了东方，他以不可辩驳的事实证明了，地球的的确确是圆形的。为了征服这块盛产香料的富饶土地，在一次与当地部族的冲突中，麦哲伦被杀害了。最后，麦哲伦的助手烧掉一艘破烂不堪的船，带领仅存的两艘船载满香料越过马六甲海峡，经印度洋，过好望角，辗转一年多，终于在1522年9月回到了西班牙。这时，整个船队仅剩下一艘船与18名船员了。

从1519年9月到1522年9月，麦哲伦和他的船员们，花了整整3年的时间，终于完成了人类历史上的第一次环球一周的航行。

> 麦哲伦的突出贡献不仅在于环球航行本身，更在于其大胆的信念和对这一事业的出色指挥。麦哲伦船队的环球航行，用实践证明了地球是圆形的，不管是从西往东，还是从东往西，毫无疑问，都可以环绕我们这个星球一周回到原地。这在人类历史上，永远是不可磨灭的伟大功勋。

15 献身火山研究——喀夫特夫妇

火山岩浆

卡蒂娅·喀夫特和摩希斯·喀夫特夫妇是法国著名的火山学家,他们在幼年就爱上了火山,共同的爱好使他们结成了伉俪,并把毕生的精力都放在了对活火山的研究上。

他们在法国组织了一个以火神的名字命名的"伏尔甘"火山学研究中心。为了追寻活火山的踪迹,他们的足迹几乎遍及世界上所有的火山。从冰岛到夏威夷,从非洲到印尼,这两位火山学家兼摄影家扛着摄影机踏遍世界寻找活火山,更令其他科学家佩服的是,他们总是率先抵达爆发现场。不光是写科学报告,重要的是克氏夫妇能够走出去寻找火山的美,在他们眼里,火山爆发是大地最神奇的景象。

卡蒂娅曾经目睹过150多次火山喷发,这可能是世界上最高的纪录。他们出版过20多部专业著作,拍摄了30万张火山活动照片、5部纪录片和300余小时的录像带,还有许多弥足珍贵的影片资料。他们也曾为公众演讲过数百小时,同时,还建立了世上藏书最多的火山学图书馆,收集大量有关火山的图片。

哪里出现了火山喷发的征兆、哪里发生了火山喷发,他们马上就会赶到现场。摩希斯说:"如果印度尼西亚的火山活动了,如果夏威夷的火山爆发了,我立刻就会登上飞机,第二天就出现在现场。"他们为了研究火山活动的现场情景,不惜用生命去冒险,从火山口喷涌而出的炽热岩浆,似乎就是他们的整个世界。

卡蒂娅说:"我并非是与死神调情。但是靠近一只你不知道是否会吃掉你的野兽,这种快乐会使你什么也不在乎。这是否就是冒险的魅力呢?"在谈到火山研究的现状时,摩希斯说:"现在,全世界只有20座火山处在人们的严密监视之下。目前尚未活动的火山,可能还有上千座。谁知道它们会酿出什么灾祸呢?"

火山口

他们还梦想建造一座世界一流的火山博物馆;还希望能够乘坐一艘特制的小船,浮在熔岩流上顺流而下;甚至希望登上火星,亲眼目睹太阳系中最壮观的、火星上的火山爆发奇观。

1991年6月3日,他俩登上了日本的云仙岳火山。云仙岳火山位于九州岛岛原半岛中部,海拔1 359米,是一个复式火山群,最高峰是普贤岳,是世界著名的活火山之一,曾经多次喷发。喀夫特夫妇走到了最接近火山口的地方。突然,在平静了近200年之后,云仙岳火山爆发了,汹涌的熔岩流喷涌而出,沿着山坡倾泻而下,把森林、道路和各种建筑一扫而光,把整个云仙岳地区变成了可怕的炼狱。火山爆发还造成了大塌方,整座山体坠入海中,引起了海啸。山崩和海啸导致大约15 000人死亡。

卡蒂娅·喀夫特和摩希斯·喀夫特夫妇在这次喷发时不幸遇难,殉职于他们最钟爱的事业。消息传出,全世界为之震惊、哀悼,痛惜失去了两位伟大的火山学专家。这是人类在研究火山道路上无可

科学真理的骑兵

挽回的巨大损失。他们为了科学事业献出了宝贵的生命，人们将永远怀念他们！

> 什么叫科学家？科学家就是长大了的孩子，他们永远存有那种好奇心、那种进取心去探索。许多著名的科学家，没有哪一个的童年不是对自然科学充满幻想，做出许多别人认为是傻事的探索。是什么力量促使他们去探索呢？答案是兴趣。

16 微生物学的开山之祖——列文虎克

列文虎克

一滴普通的雨水放到显微镜下,就呈现出一个令人惊奇的世界——这里有成千上万的"小动物"(微生物)生活着。第一个揭开这个惊奇世界秘密的是17世纪最著名的显微镜专家——列文虎克。

列文虎克1632年出生在荷兰。因家境贫寒,16岁时进了一家杂货铺当学徒。他一有空就到眼镜工匠那里学习磨制玻璃镜片的技术。

一天,他终于磨制出了一个能将物体放大许多倍的镜片。他几乎不敢相信自己的眼睛,在这个镜片下,鸡毛的绒毛变得像树枝一样粗,跳蚤和蚂蚁的腿变得粗壮而强健。1665年,列文虎克研制出了一台显微镜,对他来说,这无异于如虎添翼,仿佛有了一张通往微观世界的通行证。他用显微镜观察一些肉眼很难看清楚的东西,比如苍蝇的翅膀、蜘蛛的脚、羊毛的纤维。微观世界的精彩令他兴奋不已,他不停地观察,不停地记录。

列文虎克用显微镜观察干草浸剂,惊

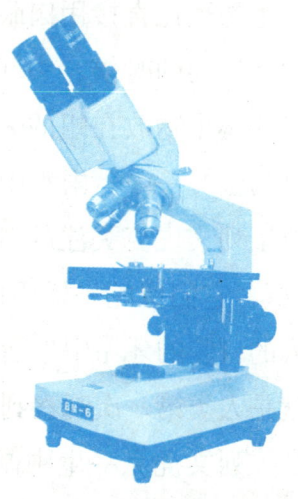

显微镜

奇地发现了一些从未见过的"小虫子"在不停地蠕动。他把这些"小虫子"叫做"微动物",这就是首次被人类发现的微生物。列文虎克认为自己发现了新的未知世界,就把这一消息公之于众。

列文虎克每当在这一领域有所收获,就把他看到的微小生物仔细地画下来,并详细地记述了它们的特征和活动。1673年,他将观察记录的材料整理成《列文虎克用自制的显微镜观察皮肤、肉类以及蜜蜂和其他虫类的若干记录》一文,寄给英国皇家学会。这些发现使皇家学会的学者们感到震惊和怀疑,因为文中所述的微观世界谁也没有见过,许多人对文章的内容抱怀疑态度,直到他们在显微镜下亲眼观察到了列文虎克描述的现象才敢相信。

列文虎克的发现立刻轰动了全世界。为了表彰和鼓励列文虎克的研究工作,英国皇家学会吸收他为会员,一个小学徒终于成了著名科学家。从此列文虎克工作更勤奋了,成果也不断产生。

他一如既往地把自己关在屋子里,用显微镜记录微观世界里发生的故事。1675年,雨水成了列文虎克的观察对象,他描述说:"我用4天的时间,观察了雨水中的小生物,我很感兴趣的是,这些小生物远比直接用肉眼所看到的东西要小到万分之一……这些小生物在运动的时候,头部会伸出两只小角,并不断地活动……如果把这些小生物放在蛆的旁边,它就好像是一匹高头大马旁边的一只小小的蜜蜂……"雨水中的小生物其实就是原生动物。1683年,牙垢成了列文虎克关注的对象,他发现人口腔中竟然躲藏着许多"小动物",它们像蛇一样用优美的弯曲姿势运动。他惊叹地记录道:"在人的口腔的牙垢中生活的动物,比整个荷兰王国的居民还要多。"这就是人类第一次观察到细菌时发出的感叹。

列文虎克一生中制造了491架显微镜,有的显微镜可以将物体放大二三百倍,可惜只有十来架保存到现在。

列文虎克是第一个用显微镜看到细菌和原生动物的人,他的"眼睛"把他带进了神奇的微观世界。走近他,再走近他!你也会发现一个神奇的世界。

17 现代遗传学之父——孟德尔

孟德尔

孟德尔1822年出生于奥地利，父亲是个农民，酷爱养花。孟德尔也自幼养成了养花弄草的兴趣。这也许是这位科学家后来在豌豆实验上成名的一个最初的契机。

孟德尔通过研究豌豆杂交来探索生物的遗传规律。他选用了22个豌豆品种，按种子形状、种子颜色、种皮颜色、豆荚形状、豆荚颜色、花的位置、茎的高度等特征，把豌豆分成了7对具有明显差异性状的品种。然后，按一对相对性状和两对相对性状，分别进行了杂交实验，得到了如下的一些结果：孟德尔通过人工授粉使高茎豌豆跟矮茎豌豆互相杂交。第一代杂种（子一代）全是高茎的；他又通过自花授粉（自交）使子一代杂种产生后代，结果子二代的豌豆有$\frac{3}{4}$是高茎的，$\frac{1}{4}$是矮茎的，比例为3∶1。

孟德尔对所选的其他6对相对性状，也一一进行上述实验，结果子二代都得到了性状分离3∶1的比例。

孟德尔用黄色圆粒（黄圆）种子的豌豆同绿色皱粒（绿皱）种子的豌豆杂交后，子一代都是黄圆种子；子一代自花授粉所生的子二代，出现4种类型种子。在556粒种子里，黄圆、绿圆、黄皱、绿皱种子之间的比例是9∶3∶3∶1。

通过上述实验材料，孟德尔天才地推出了如下的遗传原理。

● **分离定律**

孟德尔的分离定律可以表述为：在生物的体细胞中，控制同一性状的遗传因子成对存在，不相融合，如纯种高茎豌豆的体细胞中有成对的遗传因子记作DD，纯种矮茎豌豆的体细胞中有成对的遗传因子记作dd；在形成配子时，成对的遗传因子发生分离，分离后的遗传因子分别进入不同的配子中，随配子遗传给后代。因为D为显性遗传因子，d为隐性遗传因子，所以性状比为3：1。

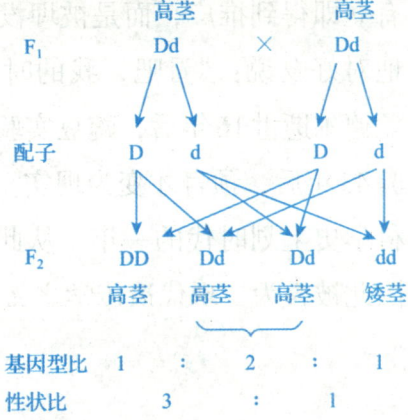

● **自由组合定律**

对于具有两种相对性状的豌豆之间的杂交，也可以用上述原则来解释。设黄圆种子的因子为YYRR，绿皱种子的因子为yyrr。两种配子杂交后，子一代为YyRr，因Y、R为显性，y、r为隐性，故子一代都表现为黄圆的。自交后它们的子二代就将有16个个体，9种因子类型。因有显性、隐性关系，外表上看有4种类型：黄圆、绿圆、黄皱、绿皱，其比例为9：3：3：1。孟德尔发现，植物在杂交中不同遗传因子的组合，遵从排列组合定律。由此他推论，在体细胞形成生殖细胞时，不同对的遗传因子可以自由组合。

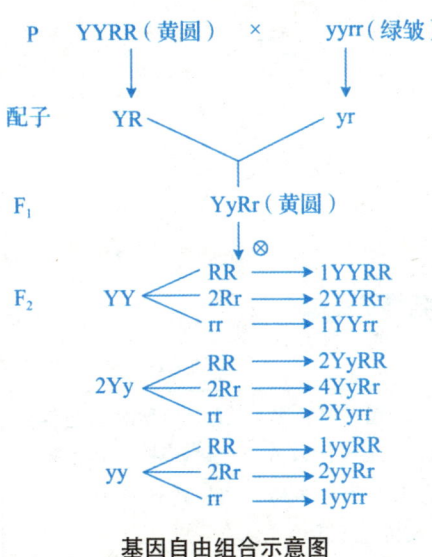

基因自由组合示意图

孟德尔用心浇灌的豌豆实验，辛苦研究所得的理论成果，并没有立即得到推广，而是被埋没了35年之久。晚年时，他曾充满自信地对好友说："看吧，我的时代来到了！"这句话成为伟大的预言。孟德尔逝世16年后，豌豆实验论文正式出版34年后，他从事豌豆实验43年后，预言才变为现实。1900年这一年成为遗传学史乃至生物科学史上划时代的一年，从此，遗传学进入了孟德尔时代。孟德尔因此被誉为"现代遗传学之父"。

1900年，3个植物学家——荷兰的德弗里斯、德国的科伦斯、奥地利的切尔马克各自在遗传学研究上获得重要发现，都准备发表论文，就去查阅以前的文献资料，又都发现了1866年的奥地利自然科学学会年刊，这本杂志上有孟德尔的论文。这使他们非常吃惊——孟德尔远在他们之前，竟然已经如此深入地研究了遗传现象。

18 进化论奠基人

达尔文

达尔文是英国博物学家,是进化论的奠基人,他于1859年出版了震惊当时学术界的《物种起源》一书。恩格斯将他的"进化论"列为19世纪自然科学的三大发现之一(其他两个是细胞学说、能量守恒和转化定律)。

1809年2月12日,达尔文出生在英国的施鲁斯伯里。祖父和父亲都是当地的名医,家里希望达尔文将来继承祖业,16岁时便被父亲送到爱丁堡大学学医。但他喜欢打猎、采集矿物和动植物标本,进到医学院后,依然我行我素。父亲认为他"不务正业",一怒之下,于1828年又送他到剑桥大学,改学神学,希望他将来成为一个"尊贵的牧师"。达尔文对神学院的神创论等谬说十分厌烦,他仍然把大部分时间用在听自然科学讲座、自学大量的自然科学书籍上。

1831年,达尔文从剑桥大学毕业。他放弃了待遇丰厚的牧师职业,依然热衷于自己的自然科学研究。同年12月,英国政府组织了"贝格尔"号军舰的环球考察,达尔文经人推荐,以"博物学家"的身份自费搭船,开始了漫长而又艰苦的环球考察活动。达尔文每到一地总要进行认真的考察研究,采访当地的居民,有时请他们当向

导。达尔文跋山涉水，采集矿物和动植物标本，挖掘生物化石，发现了许多没有记载的新物种。他白天收集各类岩石标本、动物化石，晚上忙着记录收集经过。在考察过程中，达尔文根据物种的变化，整日思考着一个问题：自然界的奇花异树、人类万物究竟是怎么产生的？他们为什么会千变万化？彼此之间有什么联系？这些问题在达尔文脑海里越来越深，逐渐使他对神创论和物种不变论产生了怀疑。

1832年2月底，"贝格尔"号到达巴西，达尔文上岸考察，并攀登了南美洲的安第斯山。当登上海拔4 000多米的高山时，达尔文意外地在山顶上发现了贝壳化石。海底的贝壳怎么会跑到高山上呢？经过反复思索，他终于明白了地壳升降的道理，猜想安第斯山脉在亿万年前是一片大海洋。

到了安第斯山的最高峰，达尔文俯瞰山下，突然发现山脉的两边，植物的种类并不相同。再仔细一看，即使同一种类，样子也相差很远。它们为什么会有明显的差别呢？达尔文脑海中一阵翻腾，对自己的猜想有了更进一步的认识：物种不是一成不变的，而是随着客观条件的不同而相应变异。后来，达尔文又随船横渡太平洋，经过澳大利亚，越过印度洋，绕过好望角，于1836年10月回到英国。

在历时5年的环球考察中，达尔文积累了大量的资料。回国之后，他一面整理这些资料，一面又深入实践。同时查阅大量书籍，为他的生物进化理论寻找根据。1842年，他第一次写出《物种起源》的简要提纲。1859年11月，达尔文经过20多年研究而写成的科学巨著《物种起源》终于出版了。在这部书里，达尔文旗帜鲜明地提出了"进化论"的思想，说明物种在不断地变化，而且是一个由低级到高级、由简单到复杂的演变过程。

这部著作的问世,第一次把生物学建立在完全科学的基础上,以全新的生物进化思想推翻了"神创论"和物种不变的理论。《物种起源》是达尔文进化论的代表作,标志着进化论的正式确立。

紧接着,达尔文又开始他的第二部巨著《动物和植物在家养下的变异》的写作,以不可争辩的事实和严谨的科学论断,进一步阐述他的进化论观点,提出物种的变异和遗传、生物的生存斗争和自然选择的重要论点,并很快出版这部巨著。晚年的达尔文尽管体弱多病,但他以惊人的毅力,顽强地坚持科学研究和写作,连续出版了《人类的由来及性选择》等多部著作。

1882年4月19日,这位伟大的科学家因病逝世,人们把他的遗体安葬在牛顿的墓旁,以表达对这位科学家的敬仰。

同学们,达尔文的经历给予了你哪些启示呢?诚然,光有对科学的好奇心是远远不够的,我们还要勤于思考,勤于实践,不断探索。如果能做到这样的话,你将会有很多意外的收获!

19 计算机之父

冯·诺依曼

世界上有一位这样的科学家：数学界的人认为他是本世纪最伟大的数学家之一，因为他在"遍历理论"、"拓扑群理论"等方面做出了开创性的工作；物理学界的人却坚持说他是一个伟大的物理学家，因为他在20世纪30年代发表的《量子力学的数学基础》已经被证明对原子物理学的发展有极其重要的作用；而经济学界的人则反复强调他是一名伟大的经济学家，因为他建立的经济增长横型体系，特别是20世纪40年代出版的著作《博弈论和经济学行为》，使他在经济学和决策科学领域树立起一块丰碑；而计算机界的人则干脆称他为现代计算机之父。他就是美籍匈牙利裔学者约翰·冯·诺依曼。无论从哪个角度看，冯·诺依曼都是一位极具传奇色彩的全才科学家。

1913年在匈牙利首都布达佩斯，一位犹太银行家在报纸上刊登启事，要为他10岁的孩子招聘家庭教师，聘金超过常规10倍。布达佩斯人才济济，可一个多月过去了，居然没有一人前往应聘。因为在这个城市里，谁都听说过这位银行家的长子冯·诺依曼聪明过人，3岁就能背诵父亲账本上的所有数字，6岁能够心算8位数除8位数的算术题，8岁学会了微积分。父亲无奈，只好把冯·诺依曼送进一所正规学校就读。不到一个学期,他班上的数学老师走进家门,告诉银行家自己的数学水平已远不能满足冯·诺依曼的需要,并推荐了一位数学教授。银行家一听大喜过望,于是安排冯·诺依曼一面在学校跟班就读,一面接受布达佩斯大学教授为他"开小灶"。然而,这种情况也没能持续几年,勤奋好学的中学生很快又超过了大学教授,他居然把学习的触角伸进了当时最新的数学分支——集合论和泛函分析,同时还阅读了大量历史和文学方面的书籍,并学会了7种外语。毕业前夕,冯·诺依曼与数学教授联名发表了他的第一篇数学论文,那一年,他还不到17岁。考大学前夕,匈牙利政局出现动荡,冯·诺依曼便浪迹欧洲,到柏林和瑞士一些著名大学里听课。22岁时,他获得瑞士苏黎世联邦工业大学化学工程文凭。一年之后,他轻而易举摘取布达佩斯数学博士学位。在柏林当了几年无薪讲师后,他转而攻向物理学,为量子力学研究数学模型,又使自己在理论物理学领域占据了突出的地位。风华正茂的冯·诺依曼靠着顽强的学习毅力,在科学殿堂里"横扫千军如卷席",成为横跨数、理、化各门学科的超级全才。1930年,27岁的冯·诺依曼被提升为教授;1933年,他又与爱因斯坦一起,被聘为普林斯顿高等研究院第一批终身教授,而且是6名大师中最年轻的一名。

  冯·诺依曼在计算机领域作出了巨大的贡献,但他介入计算机却是源自一次偶然的谈话。1944年仲夏的一个晚上,负责阿贝丁炮场的年轻军官戈德斯坦中尉来到阿贝丁车站,等候去费城的火车。他突然看见前面不远处有个熟悉的身影向他走过来,来者正是闻名世界的大数学家冯·诺依曼,他当时的身份是阿贝丁炮场的顾问。在这次偶遇中,冯·诺依曼了解到了戈德斯坦正在研究电子计算机课题。冯·诺依曼先是被这个伟大的构想震惊了一阵子,随后又感到极其兴奋。他急不可耐地向戈德斯坦表示,希望亲自到莫尔学院看一看那台尚未出世的机器。当冯·诺依曼来到莫尔学院之后，第一个问题就问到了机器的逻辑结构这个最为关键的问题，这让电子计算机的开发者莫切利和埃克特佩服不已并吸收冯·诺依曼为莫尔小组成员。冯·诺依曼随后以他厚实的科技功底和极强的综合能力，极大提高了莫尔小组的整体水平。

莫切利和埃克特研制的ENIAC计算机存在两个致命的缺点：(1) 没有存储器；(2) 用布线接板进行控制，计算速度相对缓慢。而这两个问题冯·诺依曼一眼就看出来了。在ENIAC尚未投入运行前，他就已经开始准备对这台电子计算机进行脱胎换骨的改造。在短短的10个月时间里，冯·诺依曼迅速把概念变成了方案。新机器被命名为"离散变量自动电子计算机"，英文缩写为EDVAC。1945年6月，冯·诺依曼与戈德斯坦等人，联名发表了一篇长达101页的报告，即计算机史上著名的"101报告"。这份报告奠定了现代电脑结构体系的坚实根基，直到今天，仍然被认为是现代电脑科学发展里程碑式的文献，它在向世界宣告：电子计算机的时代开始了。

在101报告中，冯·诺依曼明确规定出计算机的五大部件：运算器、逻辑控制器、存储器、输入装置和输出装置，并描述了五大部件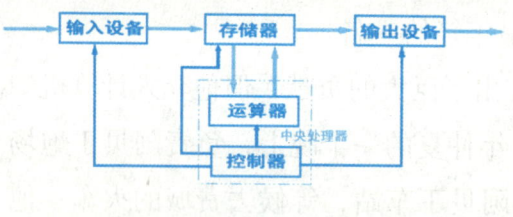的功能和相互关系。他巧妙地想出"存储程序"的办法，使程序被当作数据存进了机器内部，这样电脑就能够自动地一条接着一条地依次执行指令，再也不用去接通什么线路。其次，他明确提出这种机器必须采用二进制数制，以充分发挥电子器件的工作特点，使其结构紧凑而且更通用化。人们后来把按照这一思路设计的机器统称为"冯·诺依曼机"，我们现在用的所有电脑都属于"冯·诺依曼机"。

1957年2月8日,冯·诺依曼在美国德里医院与世长辞。他一生获得数不清的奖项,包括两次美国总统成就奖,1994年还被追授美国国家基础科学奖。毫无疑问,他是计算机发展史上的一代伟人!

> 超导计算机、纳米计算机、DNA计算机、光计算机、量子计算机等将成为未来计算机的发展趋势,尽管目前仍处于实验室阶段,但终有一天它们会取代传统计算机进入寻常百姓家。

20 科学真理的骑兵

在法国巴黎巴斯德研究所外坐落着一座雕塑，那是巴斯德和被他救活的一位牧童的雕塑，它让人们要永远地记住巴斯德在挽救狂犬病病人方面的丰功伟绩。

路易斯·巴斯德（1822—1895年），法国微生物学家、化学家。他研究了微生物的类型、习性、营养、繁殖、作用等，奠定了工业微生物学和医学微生物学的基础，并开创了微生物生理学，被后人誉为"微生物学之父"。

路易斯·巴斯德

他之所以获得这样大的成就，跟他独到的科学探究方法是分不开的，比如鹅颈烧瓶实验。

我们知道新鲜食品在空气中放久了会腐败变质。当时有一种观点认为，导致食物腐败变质的微生物来自食品和溶液中的无生命物质。面对这种观点，巴斯德把它作为对自己提出的一个问题，进而作出了假设：可能是食物会自动生出细菌，也可能是细菌从空气中跑到食物里去了，然后巴斯德制订了可行性实验计划。巴斯德把肉汤分别装入两个圆底烧瓶，将其中一个烧瓶的瓶颈用高温拉制成鹅颈状弯曲，现称巴斯德烧瓶，烧瓶有一个弯曲的长管与外界空气相通。巴斯德将瓶内的溶液加热至沸

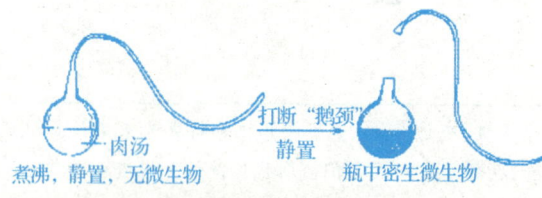

鹅颈烧瓶实验

点，溶液冷却后，空气可以重新进入烧瓶，但因为有向下弯曲的长管，阻挡了空气中的尘埃和微生物的进入，使溶液保持了无菌状态，溶液可以较长时间不腐败。如果瓶颈破裂，溶液就会很快腐败变质，并有大量的微生物出现。最后巴斯德得出结论：腐败物质中的微生物是来自空气。

鹅颈烧瓶实验也启发巴斯德创造出了一种有效的灭菌方法——巴氏灭菌法。

我们平常喝的袋装或屋形牛奶，也叫巴氏杀菌奶，就是采用巴氏灭菌法生产的。这种奶是把新鲜牛奶进行高温处理，然后在80℃左右经数秒钟杀菌，再低温冷藏保存，保质期一般为1～7天。喝新鲜牛奶（指刚刚挤出的牛奶）反而是不安全的，因为它可能包含着对人身体有害的细菌。

除此以外，巴斯德还进行了多项探索性的研究，并取得了重大成果。如1880年成功地研制出鸡霍乱疫苗、狂犬病疫苗等多种疫苗，其理论和免疫法引起了医学实践的重大变革。1881年，巴斯德改进了减轻病原微生物毒力的方法。

尽管已经取得了如此卓越的成就，他还是孜孜不倦地进行科学研究工作。就连1894年5月29日——巴斯德和相爱已久的玛丽·罗伦举行结婚典礼的那一天，他也因沉迷于实验而忘记了婚礼。

巴斯德对科学研究的执著来自于他坚定的信念：科学的进步取决于科学家的劳动和他们创造的价值。

像这样在实验室里度过的日子，在他的研究生涯中数不胜数。他常一个人整日整夜把自己关在一个小而闷热的房间里，房内四处堆放着瓶子、玻璃管、蒸馏器、煤气灯、烘炉、各种气味难闻的化学药品。他的手是脏的，他的额头因为常常用手摸擦，也是污黑的，他的衣服更是沾满了污垢。他时而狂奔疾走，时而呆立不动，

时而又聚精会神地思索。有人说，巴斯德"疯了"。是的，他"疯了"，他为科学而疯狂。他的疯狂成功地挽救了法国处于困境中的酿酒业、养蚕业和畜牧业。巴斯德真不愧是19世纪最有成就的科学家之一。

愿我们像具有骑士精神的巴斯德那样，也举起科学长矛，奋勇作战，不断取得胜利。

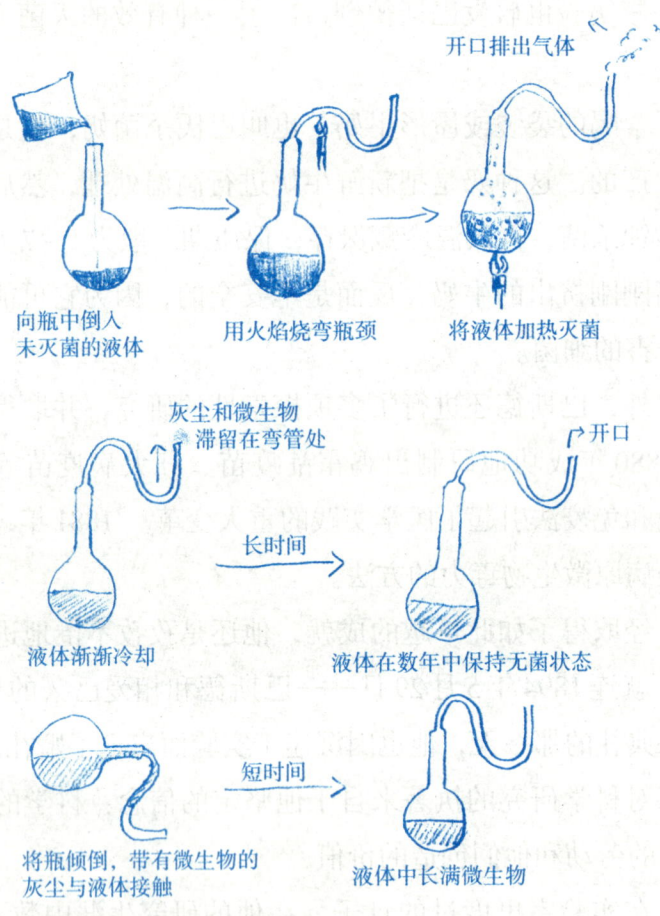

巴斯德鹅颈瓶实验

> 同学们，你一出生，就要接种卡介苗，它可以增强你对结核病的抵抗力，预防严重结核病和结核性脑膜炎的发生，也被称为出生第一针。预防接种，就是把疫苗（用人工培育并经过处理的病菌、病毒等）接种在健康人的身体内，使人在不发病的情况下，产生抗体。你知道吗？对人体进行预防接种的技术就是巴斯德本人最为著名的一项成就。

21 写实地理学开山鼻祖

郦道元

郦道元，字善长，魏孝文帝延兴二年（472年）生于涿州郦亭（今河北省涿州市道元村）。少年时期，因父亲郦范担任青州刺史，跟随父母居住青州（今山东省青州市）。父亲去世后，郦道元继承爵位，被封为永宁伯。

他一生为政严酷，采取严厉手段打击邪恶势力，使奸匪盗贼闻风丧胆。后受人陷害，死于叛军之手。

郦道元从小勤奋好学，广泛阅读各种奇书，立志要为西汉后期桑钦编写的地理书籍《水经》作注。他在《水经注》的序言中提出了自己的研究和工作方法，即重视野外考察。为了获得真实的地理信息，他考察过许多地方，足迹踏遍长城以南、秦岭以东的中原大地，积累了大量的实践经验和地理资料。经过多年辛苦，终于写成名垂青史的著作——《水经注》。

《水经注》是我国第一部以记载河道水系为主的综合性地理著作，它名义上是注释《水经》，实际上是在《水经》基础上的再创作。书中记载了郦道元在野外考察中取得的

河流与峡谷

大量成果，《水经》记录河流137条，而《水经注》则记录河流1 252条。《水经》只有1.5万字，而《水经注》竟达30万字！郦道元在实地调查中原地形的同时，又广泛搜求南方的地理著作，他引用的文献多达480种，其中属于地理类的有109种。

在《水经注》中，郦道元所记述的内容不仅包括国内各地的地理情况，而且还记述了一些国外的地理情况，其涉及地域东北至朝鲜的坝水（今大同江），南到扶南（今越南和柬埔寨），西南到印度新头河（今印度河），西至安息（今伊朗）、西海（今咸海），北到流沙（今蒙古沙漠）。可以说，《水经注》也是北魏以前中国及其周围地区的地理状况的总结。

郦道元在写《水经注》时，突破了《水经》只记河流的局限。他以河流为纲，详细地记述了河流流经区域的地理情况，包括山脉、土地、物产、城市的位置和沿革、村落的兴衰、水利工程、历史遗迹等情况，并且具有明确的地理方位和距离观念。

《水经注》中引用了大量的历史文献和资料，其中有不少是两汉、曹魏时代的碑刻材料。这些书籍和碑刻，后来在历史的变迁中大都已经散失了，幸而有郦道元的引用转录才尚存一斑，使我们能够知道这些书籍和碑刻的部分内容。这是研究我国文明发展历史极其宝贵的资料。

《水经注》书样

因此，《水经注》在我国长期历史发展进程中有着深远影响，自明清以后不少学者从各方面对它进行了深入细致的专门研究，形成了一门内容广泛的"郦学"。

在漫长的中世纪里，西方世界正处在基督教会统治的黑暗时代，全欧洲在地理学界找不出一位杰出的学者。而东方的郦道元留下了不朽的地理巨著《水经注》，不仅开创了我国古代"写实地理学"的历史，而且在世界地理学发展史上也占有重要地位。原德国柏林大学校长、国际地理学会会长李希霍芬（1833—1905年）称郦道元的《水经注》是"世界地理学的先导"；东南亚学者认为郦道元是"中世纪世界上最伟大的地理学家"；毛泽东说："《水经注》作者也是一位了不起的人。"郦道元对地理学的贡献和历史功绩，是值得人们尊崇的。

> 郦道元写的《三峡》一文，全文只有155个字，却写出了七百里三峡的万千气象。论时间，春夏秋冬四季齐全；论风景，山水草木面面俱到。字数如此之少，容量如此之大，语言的精练可见一斑，很值得一读。

22 坐标系的创始人

笛卡儿是17世纪法国杰出的哲学家，是近代生物学的奠基人，是当时第一流的物理学家。但并不是专业的数学家，然而我们所学的平面直角坐标系就是笛卡儿发明的，故又称为笛卡儿坐标系。有了直角坐标系以后，人们才得以用代数的方法研究几何问题，才建立并完善了解析几何学以及后来的微积分。

笛卡儿

笛卡儿投身数学，完全是一个偶然。笛卡儿1596年3月31日出生在一个贵族家庭，自幼体弱多病，但学习很勤奋。他从小就喜欢安静，善于思考。1616年，20岁的笛卡儿以优异的成绩获得法学博士学位。一天，笛卡儿正在荷兰南部的一个小城市——布勒达的街上散步，一张用当地的佛来米语写的招贴告示吸引了他，他虽一点也看不懂，但从周围人们的议论中，笛卡儿知道这是解数学难题的一场公开挑战，他非常希望能了解题目的意思。这时，一位中年人发觉了笛卡儿的意图，他迅速用法文译出了招贴告示上的全部内容，交给了笛卡儿。

第二天，笛卡儿兴冲冲地把答案交给了那个中年人。中年人看了笛卡儿的解答后十分惊奇：巧妙的解题方式，准确无误的计算，这些解答完全说明这位年轻人在数学方面造诣不浅。原来这位中年人就是当时最著名的数学家别克曼教授。从这以后，笛卡儿就在别克曼教授的指导下开始了对数学的研究。

1637年，笛卡儿发表了《几何学》，创立了直角坐标系。据说有一天，卧病在床的笛卡儿反复思考一个问题：几何图形是直观的，而代数方程是比较抽象的，能不能把几何图形与代数方程结合起来，也就是说能不能用几何图形来表示方程呢？要想达到此目的，关键是如何把组成几何图形的"点"和满足方程的每一组"数"挂上钩，他苦苦思索，拼命琢磨通过什么样的方法才能把"点"和"数"联系起来。突然，他看见屋顶角上的一只蜘蛛拉着丝垂了下来，一会儿工夫，蜘蛛又顺着丝爬上去，在上边左、右拉丝。蜘蛛的"表演"使笛卡儿的思路豁然开朗。他想，可以把蜘蛛看做一个点，它在屋子里可以上、下、左、右运动，能不能把蜘蛛的每个位置用一组数确定下来呢？他又想，屋子里相邻的两面墙与地面交出了三条线，如果把地面上的墙角作为起点，把交出来的三条线作为三根数轴，那么空间中任意一点的位置就可以用这三根数轴上找到有顺序的三个数表示。反过来，任意给一组三个有顺序的数也可以在空间中找出一点 P 与之对应；同样道理，用一组数 (x, y) 可以表示平面上的一个点，平面上的一个点也可以有用一组两个有顺序的数来表示，这就是坐标系的雏形。

笛卡儿坐标系就是直角坐标系和斜角坐标系的统称。相交于原点的两条数轴，构成了平面放射坐标系。如两条数轴上的度量单位相等，则称此放射坐标系为笛卡儿坐标系。两条数轴互相垂直的笛卡儿坐标系，称为笛卡儿直角坐标系，否则称为笛卡儿斜角坐标系。两种坐标可以相互转换。

许多数学家普遍认为笛卡儿的直角坐标系是一种数学思想方法和技艺，它使整个数学的发展发生了巨大的、崭新的变化，使笛卡

儿成为了当之无愧的现代数学的创始人之一。

当今笛卡儿坐标系在许多领域都得到了广泛的运用。比如，某地商品房与二手房销售价格图用笛卡儿坐标系表示，可以看到商品房价格高于二手房价格，且总趋势随着时间推移，价格呈上涨趋势，但二手房价格从4月份开始呈下降趋势。

"2008年05月12日14时28分04秒，在四川省汶川县发生8.0级地震，震中位于北纬31.0°，东经103.4°。"平面直角坐标系与经纬地图有相似的地方，所以两个数据就能确定汶川的地理位置了。

三维笛卡儿坐标系就是在二维笛卡儿坐标系基础上，根据右手定则增加第三维坐标而形成的。

23 J粒子的发现者——丁肇中

丁肇中

丁肇中，1936年1月27日出生，美籍华人，美国实验物理学家，汉族，祖籍山东省日照市，现任美国麻省理工学院教授，曾获得1976年诺贝尔物理学奖。他的主要成就是发现了一种新的基本粒子，并以和自己中文姓氏"丁"类似的英文字母"J"将那种新粒子命名为"J粒子"。

由于丁肇中对物理学的贡献，他在1976年被授予诺贝尔物理学奖，并被美国政府授予洛伦兹奖。他是美国国家科学院院士，美国文理科学院院士，苏联科学院外籍院士，中国台北中央研究院院士，巴基斯坦科学院院士。他还是中国上海交通大学和北京师范大学的名誉教授。1977年获美国工程科学学会的埃林金奖章，1988年获意大利陶尔米纳市的金豹优秀奖及意大利布雷西亚市的科学金奖章。

一、不放过任何一个难题

丁肇中对学习一丝不苟，读书专心致志，遇到疑难问题，一定要找遍书本，务必得到答案才肯罢休。课堂上他聚精会神地听课，不论对自己的答案有没有把握，他总是第一个举手回答老师的提问。课后和同学们讨论问题时，往往要辩论到"甚解"才肯罢休。他的课余时间大部分是在图书馆度过的，很少与同学一起打球、看

电影。他认为"最浪费不起的是时间"。

丁肇中勤奋刻苦，各门功课成绩优良，尤其突出的是物理，这为他实现终身的奋斗目标打下了扎实的基础。

二、决心当实验物理学家

1956年9月，丁肇中依依不舍地告别了父母远赴美国，开始了在密歇根大学的艰苦学习。

在大学期间，丁肇中能打破书本的局限去理解物理现象。他认为："作为一个科学家，最重要的是不断探寻教科书之外的事物。"丁肇中经过三年的努力，获得了数学和物理学硕士学位，之后又在密歇根大学物理研究所攻读了两年，提前获得了博士学位。他本来想成为一个理论物理学家，但有两件事促使他改变了自己的志向。一件是在研究所中，他虚心向乌伦伯克等学识渊博的名教授请教，他们都非常喜欢这个勤奋的中国学生，乌伦伯克教授告诉他：做一个实验家比理论家有用。另一件是进研究所的第一个夏天，有两位教授正在进行一项暑期实验工作，缺少一名助手，丁肇中应邀参加了实验。从此，他与实验物理结下了不解之缘。

三、发现J粒子，获得诺贝尔物理学奖

1965年起，丁肇中领导的实验组在联邦德国汉堡电子同步加速器（束流能量为7.5×10^9 eV）上进行了关于量子电动力学和矢量介子（ρ、ω、φ）的一系列出色的实验工作，其中包括光生矢量介子，矢量介子衰变的研究，矢量为主模型的实验检验，ρ、ω、φ介子光生相位的测量和ρ、ω介子干涉参数的精密测量等，推进了对矢量介子的认识，他还在实验中证明了量子电动力学的正确性。

1972年夏，丁肇中领导的实验组利用美国布鲁克海文国家实验室的质子加速器寻找长寿命的中性粒子。1974年，他们发现了一个质量约为质子质量3倍（能量为3.1×10^9 eV）的长寿命中性粒子。

在公开发表这个发现时，丁肇中把这个新粒子取名为J粒子，"J"和"丁"字形相近，寓意这是中国人发现的粒子。与此同时，美国人B.里希特也发现了这种粒子，并取名为ψ粒子。后来人们就把这种粒子叫做J/ψ粒子。J/ψ粒子具有奇特的性质，其寿命值比预期值大5 000倍。J/ψ粒子的发现大大推动了粒子物理学的发展。

四、关心祖国科学发展

丁肇中虽然入了美国籍，但他深深地知道他的根在中国。为了祖国高能物理的发展，他不辞辛劳，远涉重洋，多次来中国大陆从事学术交流和参观访问，介绍国际高能物理的发展，努力促进国际物理学界同中国物理学家合作。丁肇中热心培养中国高能物理学人才，经常回国选拔青年科学工作者去他所领导的小组工作，在他亲自指导和无微不至的关怀下，从事研究的中国科学工作者有的已经在欧美获得了博士学位。他受聘为中国科学技术大学名誉教授，中国科学院高能物理研究所学术委员会委员。丁肇中说："四千年以来中国在人类自然发展史上有过很多重要贡献，今后一定能作出更大的贡献。我希望在自己能工作的时间内，为中国培养更多的人才。"

五、三个"不知道"的故事

丁肇中，这位在华人中享有盛誉的科学家，据说经常回答"不知道"。

2004年11月7日，南航报告厅座无虚席，师生们在聆听诺贝尔物理学奖获得者、著名美籍华人丁肇中教授做报告，内容为关于寻找太空中的反物质和暗物质。一个小时的精彩报告后，按照惯例，丁教授回答同学们的提问。

"您觉得人类在太空中能找到暗物质和反物质吗？"

"不知道。"

"您觉得您从事的科学实验有什么经济价值吗？"

"不知道。"

"您能不能谈谈物理学未来20年的发展方向?"

"不知道。"

一问三不知!而且回答"不知道"时,表情自然诚恳,没有任何明知不说的矫揉造作。在场的所有同学都大感意外,短暂的沉默后开始有人窃窃私语起来。旋即,丁教授微笑着说,不知道的事情绝对不能去主观推断,而最尖端的科学很难靠判断来确定是怎么回事。简短而平实的几句话,赢得了全场热烈的掌声,经久不息。

正是"不知道"激发的强烈求知欲,使他读起书来孜孜不倦,也正是"不知道"激发的强烈好奇心,使他不断探索"不知道"的领域,为人类揭开了很多很多的"不知道"背后的奥秘,并最终登上了诺贝尔领奖台。

孔子很早就教导人"知之为知之,不知为不知,是知也",但真正做到却很难。如果我们要像丁教授那样有所作为,就不能以不知为知,而是勇敢地开启牙关,吐出那三个字"不知道",然后再发奋努力,变"不知道"为"知道"。

24 近代科学开创者——牛顿

牛顿

艾萨克·牛顿（Isaac Newton）是英国伟大的数学家、物理学家、天文学家和自然哲学家，其研究领域包括了物理学、数学、天文学、神学、自然哲学和炼金术。牛顿的主要贡献有创立了微积分，发现了万有引力定律，建立了经典力学，设计并实际制造了第一架反射式望远镜等等，他被誉为人类历史上最伟大、最有影响力的科学家。为了纪念牛顿在经典力学方面的杰出成就，"牛顿"后来成为衡量力的大小的物理单位。

一、勤奋学习

谈到牛顿，人们可能认为他小时候一定是个"神童"、"天才"，有着非凡的智力。其实牛顿童年时身体瘦弱，头脑并不聪明，在家乡读书的时候也很不用功，在班里的学习成绩属于次等。但他的兴趣却是广泛的，游戏的本领也比一般儿童高。

牛顿爱好制作机械模型一类的玩意儿，如风车、水车、日晷等等。他精心制作的水钟计时准确，得到了人们的赞许。有时，他玩的方法也很奇特。当夜幕降临时，他将一盏灯笼挂在风筝尾巴上，点燃的灯笼借风筝上升的力升入空中。发光的灯笼在空中流动，人们大惊，以为是出现了彗星。

牛顿16岁时数学知识还很肤浅，对高深的数学知识甚至可以说是不懂。"知识在于积累，聪明来自学习。"牛顿下决心靠自己的努力攀上数学的高峰。在基础差的不利条件下，牛顿能正确认识自己，知难而进。他从基础知识、基本公式重新学起，扎扎实实，步步推进。他研究完欧几里得几何学后，又研究笛卡儿几何学，对比之下觉得欧几里得几何学肤浅，便悉心钻研笛氏几何学，直到掌握要领，融会贯通，遂发明了代数二项式定理。

有志者事竟成。经过勤奋学习，牛顿为自己的数学高塔打下了深厚的基础。不久，牛顿的数学高塔就建成了，22岁时创立了微分学，23岁时创立了积分学，为人类数学事业作出了巨大贡献。

二、光学贡献

在牛顿以前，墨子、培根、达·芬奇等人都研究过光学现象。反射定律是人们很早就认识的光学定律之一。近代科学兴起的时候，伽利略靠望远镜发现了"新宇宙"，震惊了世界。数学家斯涅尔首先发现了光的折射定律，笛卡儿提出了光的微粒说……

牛顿以及跟他差不多同时代的胡克、惠更斯等人，也像伽利略、笛卡儿等前辈一样，用极大的兴趣和热情对光学进行研究。1666年，牛顿在家休假期间，用三棱镜进行了著名的光的色散试验。发现了白光是由各种不同颜色的色光组成的，这是第一大贡献。

牛顿为了验证这个发现，设法把几种不同的单色光合成白光，并且计算出不同颜色光的折射率，精确地说明了色散现象，揭开了物质的颜色之谜。1672年，牛顿把自己的研究成果发表在《皇家学会哲学杂志》上，这是他第一次公开发表的论文。

牛顿由于发现了白光的组成，认为折射望远镜透镜的色散现象是无法消除的（后来有人用具有不同折射率的玻璃组成的透镜消除了色散现象），就设计和制造了反射望远镜（一般称为牛顿望远镜）。

牛顿不但擅长数学计算，而且能够自己动手制造各种实验设备并且做精细实验。为了制造望远镜，他自己设计了研磨抛光机，实验各种研磨材料。1668年，他制成了第一架反射望远镜样机，这是第二大贡献。1671年，牛顿把经过改进的反射望远镜献给了皇家学会，牛顿名声大震，并被选为皇家学会会员。反射望远镜的发明奠定了现代大型光学天文望远镜的基础。

牛顿还确立了光的"微粒说"，认为光是由微粒组成的，并且走的是最快速的直线运动路径。他的"微粒说"与后来惠更斯的"波动说"构成了关于光的两大基本理论。此外，他还制作了牛顿色盘等多种光学仪器。

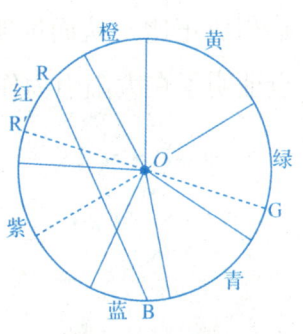

牛顿色盘示意图

三、构筑力学大厦

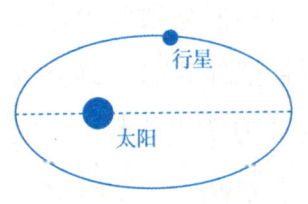

行星的椭圆轨道示意图

牛顿建立了经典力学体系，实现了近代科学史上的第一次大综合。他在哥白尼、开普勒关于天体运动规律和伽利略关于地面物体的动力学研究的基础上，展开了更全面的分析，系统地总结了伽利略、开普勒和惠更斯等人的工作，发现了著名的万有引力定律和牛顿运动定律，提出了具有严谨逻辑结构的力学体系，使力学成为一门研究物体机械运动基本规律的学科。

在牛顿以前，天文学是最显赫的学科。然而，为什么行星总是按照一定规律围绕太阳运行？天文学家无法圆满解释这个问题。这一问题引发许多科学家严肃认

牛顿望远镜

真的思考。比如开普勒就认识到，要维持行星沿椭圆轨道运动必定有一种力在起作用，他认为这种力类似于磁力，就像磁石吸铁一样。惠更斯从研究摆的运动中发现，保持物体沿圆周运动需要一种向心力。胡克等人认为是引力，并且试图推导引力和距离的关系。牛顿解决了胡克等人没有能够解决的数学论证问题，发现了万有引力定律：两个物体之间有引力，引力和距离的平方成反比，和两个物体质量的乘积成正比。从而证明地球的引力是使月亮围绕地球运动的向心力，也证明了在太阳引力作用下，行星运动符合开普勒运动三定律。

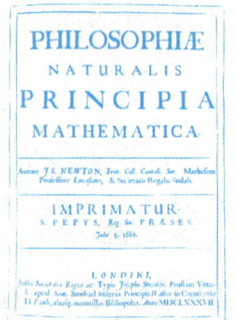

牛顿《自然哲学的数学原理》

在哈雷的资助下，1687年，牛顿出版了伟大著作《自然哲学的数学原理》一书。在这部书中，牛顿从力学的基本概念（质量、动量、惯性、力）和基本定律（运动三定律）出发，运用他所发明的微积分这一锐利的数学工具，不但从数学上论证了万有引力定律，而且把经典力学确立为完整而严密的体系，把天体力学和地面上的物体力学统一起来，实现了物理学史上第一次的大综合。

四、牛顿名言

"我不知道世人怎样看我，但我自己以为我不过像一个在海边玩耍的孩子，有幸拾到美丽的石子，但真理的大海，我还没有发现。所以有这样的成就，是因为我站在巨人肩膀上的缘故。""我的成就，当归功于精微的思索。""你若想获得知识，你该下苦功；你若想获得食物，你该下苦功；你若想得到快乐，你也该下苦功。因为辛苦是获得一切的定律。""聪明人之所以不会成功，是由于他们缺乏坚韧的毅力。""胜利者往往是从坚持最后5分钟的时间中得到成功。"

牛顿的一生是伟大的,他对人类的科学文明发展起着巨大的推动作用。也许你也想成为一名伟大的科学家,那么,就请从小事做起,养成良好的学习习惯、持之以恒的学习态度,培养自己对事物严谨细致的观察能力。

25 近代实验科学的先驱——伽利略

伽利略——近代实验科学的先驱者,意大利文艺复兴后期伟大的物理学家、天文学家和哲学家。他以系统的实验和观察推翻了亚里士多德诸多的观点,也是近代实验物理学的开拓者,被誉为"近代科学之父",为牛顿的理论体系的建立奠定了基础。他因此被誉为是"经典物理学的奠基人"。

伽利略

伽利略1564年生于意大利的比萨城,就在著名的比萨斜塔旁边。17岁那一年,伽利略考进了比萨大学。在大学里,伽利略不仅努力学习,而且喜欢向老师提出问题。他孜孜不倦地学习数学、物理学等自然科学,并且以怀疑的眼光看待那些自古以来就被人们奉为经典的学说。

伽利略对于人们司空见惯、习以为常的一些现象,也要打破砂锅问到底,弄个一清二楚。

一、发现单摆的运动规律

有一次,伽利略信步来到他熟悉的比萨大教堂,他坐在一张长凳上,目光凝视着那雕刻精美的祭坛

比萨大教堂

和拱形的廊柱，蓦地，教堂大厅中央的巨灯晃动起来，是修理房屋的工人在那里安装吊灯。

这本来是件很平常的事，吊灯像钟摆一样晃动，在空中划出看不见的圆弧。可是，伽利略却像触了电一样，目不转睛地跟踪着摆动的吊灯，同时，他用右手按着左腕的脉，计算着吊灯摆动一次脉搏跳动的次数，以此计算吊灯摆动的时间。

这样计算的结果，使伽利略发现了一个秘密，这就是吊灯摆一次的时间，不管圆弧大还是小，总是一样的。一开始，吊灯摆得很厉害，渐渐地，它慢了下来，可是，每摆动一次，脉搏跳动的次数是一样的。

伽利略的脑子里翻腾开了。他想，书本上明明写着这样的结论：摆经过一个短弧要比经过一个长弧快些。这是古希腊哲学家亚里士多德的说法，谁也没有怀疑过。难道是自己的眼睛出了毛病，到底是怎么回事？

他像发了狂似的跑回大学宿舍，关起门来重复做这个试验。他找了不同长度的绳子、铁链，还有不知从哪里搞到的铁球、木球。在房顶上，在窗外的树枝上，着迷地一次又一次重复，用沙漏记下摆动的时间。最后，伽利略不得不大胆地得出这样的结论：亚里士多德的结论是错误的，决定摆动周期的是绳子的长度，和它末端的物体重量没有关系。而且，摆绳长度相同，振动的周期是一样的。这就是伽利略发现的摆的运动规律。钟就是根据他发现的这个规律制造出来的。

二、举世闻名的自由落体实验

在伽利略之前，古希腊的亚里士多德认为，物体的下落速度和它的重量成正比，物体越重，下落的速度就越快。比如说，质量为10千克的物体，下落的速度要比1千克的物体快10倍。

1 900多年以来，人们一直把这个违背自然规律的学说当成不可怀疑的真理。年轻的伽利略根据自己的经验推理，大胆地对亚里士多德的学说提出了疑问。经过深思熟虑，他决定亲自动手做一次实验。他选择了比萨斜塔做实验场。这一天，他带了两个大小一样但重量不等的铁球：一个重10磅，是实心的；另一个重1磅，是空心的。伽利

自由落体实验

略站在比萨斜塔上面，望着塔下。塔下面站满了前来观看的人，大家议论纷纷。有人讽刺说："这个小伙子的神经一定是病了！亚里士多德的理论不会有错的！"实验开始了，伽利略两手各拿一个铁球，大声喊道："下面的人们，你们看清楚，铁球就要落下去了。"说完，他把两手同时张开。人们看到，两个铁球平行下落，几乎同时落到了地面上。所有的人都目瞪口呆。伽利略的试验，揭开了落体运动的秘密，推翻了亚里士多德的学说。这个实验在物理学的发展史上具有划时代的重要意义。

三、制成了第一架望远镜，证实哥白尼的"日心说"

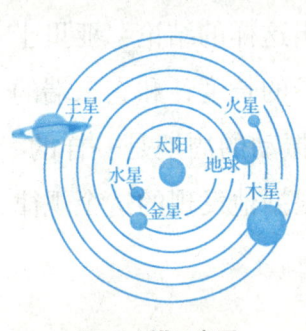

"日心说"示意图

哥白尼是波兰杰出的天文学家，他经过40年的天文观测，提出了"日心说"的理论。他认为宇宙的中心是太阳，而不是地球。地球是一个普通的行星，它在自转的同时还环绕太阳公转。伽利略很早就相信哥白尼的"日心说"。1608年6月的一天，伽利略找来一段空管子，一头嵌了一片凸面镜，另一头嵌了一片凹面镜，做成了世界上第一个小天文望远镜。

这是天文学研究中具有划时代意义的一次革命，几千年来天文学家单靠肉眼观察日月星辰的时代结束了，代之而起的是光学望远镜。有了这种有力的武器，近代天文学的大门被打开了。

每天晚上，伽利略都用自己的望远镜观看月亮。他看到了月亮上的高山、深谷，还有火山的裂痕。后

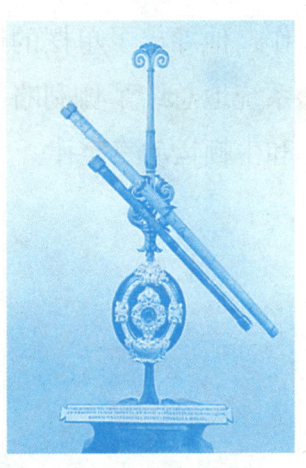

早期天文望远镜

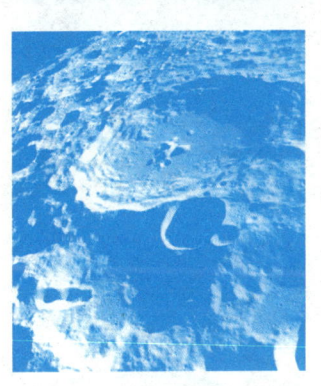

月球表面

来又开始观看太空，探索宇宙的奥秘。他发现，银河是由许多小星星汇集而成的。他还发现，太阳里面有黑斑，这些黑斑的位置在不断地变化。因此他断定，太阳本身也在自转。伽利略埋头观察，以无可辩驳的事实，证明地球在围着太阳转，而太阳不过是一个普通的恒星，从而证明了哥白尼学说的正确。1610年，伽利略出版了著名的《星空使者》。人们佩服地说："哥伦布发现了新大陆，伽利略发现了新宇宙。"

伽利略的科学发现，不仅在物理学史上，而且在整个科学史上都占有极其重要的地位。他不仅纠正了统治欧洲近两千年的亚里士多德的错误观点，更创立了研究自然科学的新方法。

伽利略在总结自己的科学研究方法时说过："这是第一次为新的方法打开了大门，这种将带来大量奇妙成果的新方法，在未来的年代里，会博得许多人的重视。"后来，惠更斯继续了伽利略的研究工

作,他导出了单摆的周期公式和向心加速度的数学表达式。牛顿在系统地总结了伽利略、惠更斯等人的工作后,得到了万有引力定律和牛顿运动三定律。

> 伽利略留给后人的精神财富是宝贵的。爱因斯坦曾这样评价:"伽利略的发现,以及他所用的科学推理方法,是人类思想史上最伟大的成就之一,而且标志着物理学的真正开端!"

26 条件反射学说的创立人
——巴甫洛夫

他从1903年起连续30年运用"条件反射"方法研究人和动物的行为、心理活动,并提出了人有第一和第二两个信号系统。他认为人除了有第一信号系统——对外部世界的映象产生直接反应之外,还有第二信号系统,即引起人的高级神经活动发生重大变化的语言和符号反应功能。由此他建立了高级神经活动的新学说。他的学说不仅对医学界和生理学界产生了巨人影响力,而且也对辩证唯物

巴甫洛夫

主义哲学体系的发展产生了巨大影响,至今辩证唯物主义哲学有关感觉反应和逻辑认识之间的联系依然是建立在他的高级神经活动理论基础之上的。因为在消化腺生理学研究的卓越贡献,他获得了诺贝尔奖,是第一个享受这个荣誉的俄国科学家。他是谁呢?他就是俄国生理学家伊万·巴甫洛夫(Ivan Pavlov)。

1849年9月26日,巴甫洛夫出生在俄国中部小城梁赞,他的父亲是位乡村牧师,母亲替人家做饭补贴家用。巴甫洛夫自小学习勤奋,兴趣广泛。他父亲喜欢看书,家中有许多像赫尔岑、车尔尼雪夫斯基等人的进步著作。在父亲的影响下,他一有空就爬到阁楼上

读父亲的藏书。尽管巴甫洛夫出身于宗教家庭,但他本人并不希望像父亲一样一辈子当一个牧师,他也不相信上帝的存在。21岁那年,他考入圣彼得堡大学自然科学系。尽管在大学里他学习优异并且年年获得奖学金,但是生活还是比较清贫,需要给别人做家庭教师才能维持日常生活。为了节省车费他每天都要步行走很远的路。巴甫洛夫在大学里以生物生理课为主修课,学习十分刻苦,为了使实验做得得心应手,他不断练习用双手操作,渐渐地,相当精细的手术他也能迅速完成。老师很欣赏他的才学,常常叫他做自己的助手。巴甫洛夫不懂就问,每次手术都做得又快又好,渐渐地有了名气。四年级时在老师的指导下,他和另一个同学合作,完成了关于胰腺的神经支配的第一篇科学论文,获得了学校的金质奖章。

1875年,巴甫洛夫获得了生理学学士学位,成为自己老师的助教。同年他又考入了圣彼得堡的外科医学科学院。1878年,他应俄国著名临床医师波特金教授的邀请,到他的医院主持生理实验工作。实验室听起来好听,其实就是一间破屋子,它既像看门人的住房,又像一间澡堂,巴甫洛夫却在这里工作了十余年。

从1888年开始,巴甫洛夫对消化生理进行研究,由此建立了条件反射学说。巴甫洛夫在实验中先摇铃再给狗以食物,狗得到食物会分泌唾液。如此反复,食物和铃声之间的联系重复,最终导致狗将食物和铃声联系起来,并在听到铃声时分泌唾液。

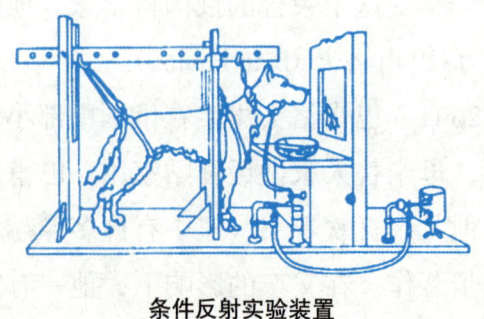

条件反射实验装置

不过，巴甫洛夫发现，他不能无休止地连续欺骗这些狗。如果铃声响过后不给食物，狗对该声音的反应就会愈来愈弱，分泌的唾液一次比一次少。但是，如果不是连续数天的实验，它们还会对铃声做出流涎的反应，但已经不像先前那么多了。

巴甫洛夫的另外一个实验是，给狗喂食的同时吹哨子。重复多次以后，狗一听到哨声就分泌唾液，不过狗对各种哨声——响亮的，微弱的，高音的，低音的都起同样的反应，似乎不同的哨音在它们听起来没有什么区别。然后，实验员使用几种哨子，但是只吹一个特定的哨子才给肉吃。不久，这些狗就只对给它们带来食物的哨子声有反应了。巴甫洛夫从实验中得出，几种不同的刺激都能跟铃声一样起同样的反应。例如，不论是打铃还是轻微的点击，只要与食物结合起来，就会使狗"遵命"流口水。巴甫洛夫把这种非本能的反应称作"条件反射"。

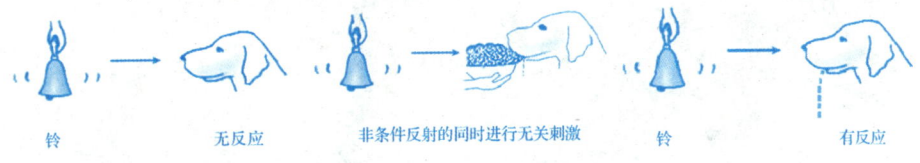

铃　　　　无反应　　　非条件反射的同时进行无关刺激　　　铃　　　　有反应

条件反射建立的过程

巴甫洛夫所做工作的重要性是不可估量的。他的研究公布以后不久，一些心理学家，如行为主义学派的创始人华生，开始主张一切行为都应以经典性条件反射为基础。虽然这样太极端了，但无论如何人们一致认为，相当一部分的行为用经典性条件反射的观点可以作出很好的解释。

85岁那年，巴甫洛夫得了肺炎，在病中他还不忘观察和记录自己的病情，正如他所说："就是死也要死得像个科学家。"1936年2月27日，在他最后失去知觉的两个小时里，他喃喃说道："我的脑子出现了一些执拗的思想和不由自主的运动，显然是神经系统开始

混乱，快去请神经病理学家来记录。"

巴甫洛夫逝世后，苏联政府在他的故乡梁赞建造了巴甫洛夫纪念馆，并设立纪念碑。巴甫洛夫及其学说永远留在全世界人民的心中。

科学真理的骑兵

巴甫洛夫的传世名言：
1. 在自然科学中创立方法，研究某种重要的实验条件往往要比发现个别事实更有价值。
2. 鸟的翅膀无论多么完善，如果不依靠空气的支持，就绝不能使鸟体上升。事实就是科学家的空气。
3. 观察，观察，再观察。

27 执著地问"为什么",串起了成功的可能
——内科血液学专家王振义

王振义教授这一生最爱的是刨根问底。他爱天马行空地想象,对一切新事物充满了好奇。

王振义祖籍江苏兴化,1924年11月30日出生在上海。7岁那年,祖母不幸患了伤寒,病势凶险,虽然请到了当时一位沪上知名的医生前来诊治,但限于当时的医疗水平,祖母还是未能得救。7岁的王振义就开始思索:"为什么这个病不能治呢?怎么会得这个病呢?难道就真的没有办法了吗?"

一连串的问号,激发了他从医的热情。1942年,王振义免试直升进入震旦大学(现上海交通大学医学院),走上了从医之路。1948年,王振义从震旦大学医学院毕业,获医学博士学位,因成绩名列前茅,留在广慈医院(现瑞金医院)担任住院医师。

此后,爱问"为什么"的习惯,又让他在医学世界里屡获成功。

1952年,王振义发现不少口腔患者拔牙之后,出血不止,原因不明,一般的止血疗法都没有效果。这个时候,他已经是血液病的医生,无法再接触口腔科病人,可他坚持一头扎在"问号"中,从大量文

王振义

献中找线索。终于，他发现国外曾报道过一种名为"轻型血友病A"的报道，病人在小手术后出血不止。

为了诊断这一疾病，他在实验室里搞起了小发明。这一疾病的检验需要将硅胶涂在玻璃管壁上，可国内当时没有硅胶这种材料。王振义就用原理相似的石蜡代替硅胶，最终成功地在国内率先确立了检测方法，并为"轻型血友病A"的诊断找到依据，使病人得到治疗。

每次穿上白大褂的那一刻，王振义都能感觉到生活的乐趣。他爱给病人看病，爱解决临床问题，可在他行医的生涯里，并不是事事顺遂。

"我这一生很多事情都是反着来的，所以，我也只能让自己反式而为。"王振义教授最想在临床钻研的时候，他被调离了广慈医院，回到了医学院从事病理生理教学工作。做了几年，他又被调到了法文教研室。没多久，这个学了一辈子西医的医生又被安排到中医科任职，随后又去了农村。没有一次调任是符合王振义心愿的，可他坚持了下来。

"既然反着来，我就抓紧每一次机会，学！"在病理生理教研室任职时，他就乘机将学生时代学习的东西更新一遍，可他的学习并不是照本宣科，他问领导："为什么只能学苏联的，不可以学习西方的病理生理知识呢？"到了中医科，他也是辩证地学，以至于他的中医素养非常了得。只是，学成后的王振义总给领导提些问题，希望医学能够按照科学规律来做，这让领导很头痛。

爱心、好奇、辩证、博学，当这些元素积累到改革开放之后，王振义的医学人生发生了"质变"。

1978年，王振义重返瑞金医院血液科，再次研究白血病的治疗。当时治疗白血病有两条途径，一是化疗，杀死白血病细胞，同时也伤害很多好细胞；另一途径是诱导分化，将恶性的白血病细胞转变为良性细胞。

从小深受孔孟之道熏陶的王振义选择了后者，他记得那个时候，媒体上广为宣传末代皇帝溥仪的改造。他想，一个皇帝都能被改造，为什么白血病细胞不能被"改邪归正"呢？

过去，急性早幼粒细胞白血病（APL）是白血病中最凶险的一种，尽管它的发病比例并不多，但死亡率高。在国外的文献中，王振义看到在13顺维A酸（13顺RA）及全反式维A酸（ATRA）作用下，APL可以向正常细胞逆转。维A酸是维生素的衍生物，"13顺"与"全反式"均属于"维A酸"的同分异构体。

通俗点说，在这种白血病患者的体内，本来应该正常发育成长的白细胞突然不愿意继续长大、成熟，在血液里横行，于是出血、高热，病人抵抗力大大降低，最终死亡。王振义和团队的构想是，通过"教育"、"劝说"这些幼稚的白细胞，让它们回归正常生长发育的道路。

也许是与"反"字有缘。当时，国内药厂无法生产出顺式维A酸，只能合成"全反式维A酸"，因此所有的医学实验只能按照全反式维A酸去做。没有想到，实验室的结果喜人，新鲜APL细胞向成熟细胞分化。1980年，全反式维A酸批准在临床上使用，用于治疗一些皮肤病。

1985年，瑞金医院血液科来了一位5岁的小女孩，她患有晚期急性早幼粒细胞白血病，出血严重，家人已经绝望了。在获得家人的允许下，王振义用新疗法治了7天，女孩症状明显好转，一个月后完全缓解。这也是王振义用新方法治疗的第一个病人。20多年过去了，小女孩已经长成大姑娘了。不仅如此，在首批治疗的24例病人中，完全缓解率达到九成多。

1988年,他的学生黄萌珥总结了首批APL病人治疗结果,并将这一新疗法向国内外推广,并向来自世界各地的病人提供全反式维A酸的药物。一时间,国外到中国代购药物的病例一个接着一个。

王振义教授的成功引起了国际医学界的重视和赞誉。在美国哥伦比亚大学举行的2001届毕业典礼上,该校校长乔治·鲁普这样评价他:"您的工作不仅指出应用一种简单的方法可以治疗一种特异的疾病,而且更新了可以应用单一药物通过诱导分化治疗癌症的概念。"

此后,他的学生陈竺、陈赛娟教授又引入了砷剂治疗APL。如今,联合应用全反式维A酸、砷剂及化疗,APL患者的5年存活率已高达95%,成为第一种可以治愈的急性白血病。

王振义说:"做的时候没有想过成功,但现在回头看,人生的每一步历练都是有意义的,只要坚持下去,不断地学习总会等到机会和成功的。"

人生之旅,不可能事遂人愿。但只要自我执著,总能创造出奇迹。王振义教授的成功是一个典型的范例:每一步历练,都是在为成功积淀。

28 星云世界的水手——哈勃

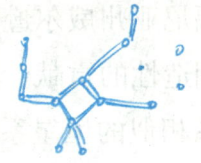

酷爱天文学

幼时的哈勃便显现出与众不同的特点,他非常喜欢问问题,一有机会,就缠着大人们问这问那。时间长了,大人们一看到他来,都喜欢开玩笑说:"看,我们的问题又来了。"在他感兴趣的事物当中,小哈勃对天空充满了更深的好奇心。他经常仰望着天空,产生一个个疑问:蓝天是由什么东西组成的?它有多大?它的外面还有没有别的东西?

爱德温·哈勃

1906年,哈勃以优异的成绩,获得芝加哥大学的优等奖学金,前往该校学习深造。在选择学习专业时,他毫不犹豫地选择了天文系。在芝加哥大学,哈勃深受美国杰出天文学家乔治·埃勒利·海尔等人的影响,这些学者对天文学的忘我执著和绘声绘色的讲演更加激发了他对天文学的热爱。毕业后,在父亲的一再要求之下,他来到世界著名学府英国的剑桥大学女王学院学习法学。学成回国,哈勃开设了一家律师事务所,但他并没有放弃对天文的研究。最终,他获得家人的理解,放弃律师职业,重返天文界,成为芝加哥大学叶凯士天文台的一名研究生,开始一心一意地研究天文学。

1917年,哈勃获得了天文学博士学位。第一次世界大战期间,

在随美国远征军赴法作战两年后，1919年，哈勃返回美国，接受了加利福尼亚州威尔逊山天文台的邀请赴该天文台工作，作出了许多富有创造性的贡献。其中，最重要的有两个：一是确认了星云是与银河系相似的恒星系统，从而开创了星系天文学这一新学科领域，建立了大尺度宇宙结构的新概念；二是发现了星系的红移——距离关系，从而促使了现代观测宇宙学的诞生。

发现"星云"本质

早在古希腊，德谟克利特就曾天才地猜测，横亘天穹的银河其实是一大片星星构成的"云"。但在很长时间中，多数人都信奉亚里士多德的观点：银河是地球大气层发光的具体体现。1609年，伽利略发明了天文望远镜，观测到白茫茫的银河是由无数的星星组成的，从而证明了德谟克利特的猜想是正确的。1775年，德国著名哲学家康德认为，银河系是个孤岛般的集团，在远离它的空间内，必定还有别的孤岛般的恒星系统，他称它们为"岛宇宙"。他还指出，如果从十分遥远的地方观看我们所在的银河系，那么，它必定与从望远镜中看到的一些云雾状斑块——"星云"非常相似。此后，人们开始争论"星云"的本质，也有人说，那是一团团会发光的气体，有人说，那是些由恒星组成的恒星集团。

哈勃早期的研究工作基本上就是围绕星云这一问题而展开的。在总结前人研究成果的基础上，哈勃把星云分成三类：一是由气体和尘埃构成的"气团星云"；二是用稍大的望远镜就可以分辨出单颗恒星的"行星状星云"；三是从靠近中心比较亮的雾核中有旋臂伸出的"旋涡星云"。而后，他在已掌握的观测资料的基础上又大胆地推断：前两类星云主要位于银河系之内，而后一类星云则位于银河系之外，是更为遥远的河外天体系统。

在威尔逊山天文台，有一架当时世界上最大口径的反射望远镜，这台望远镜能提供前所未有的清晰准确的天体图像。有了它，哈勃如虎添翼，夜以继日地工作。夜幕刚刚降临，早早地就等待在望远镜旁的哈勃便开始工作了，他选定最佳的角度进行观测；当晨星隐没，旭日将第一丝光线洒在天文台巨大的建筑球体上时，一晚没合眼的他又开始整理资料，为进一步详细深入地进行数据统计、分析和图像分类、比较工作作准备，只在中午和傍晚前才小睡一会儿。

1924年的一天，历史性的时刻终于到来了。哈勃成功地拍摄到了仙女座大星云M33和三角座旋涡星云M31的照片，图像非常清晰。这可是天文学史上一次长足的飞跃。首先，哈勃发现，所谓星云的旋臂，原来是由大量发光非常微弱的恒星组成的。人们终于知道，那些旋涡星云中的雾状光辉，不过也是由无数恒星汇合而成的一个致密区。其次，哈勃第一次在这些旋涡星云中发现了有"宇宙灯塔"和"宇宙量天尺"之称的造父变星。

造父变星是一类特殊的变星，它们的亮度总是有规律地变化着：增亮、变暗，再增亮、再变暗……而且其亮度变化的特征很容易识别。造父变星的亮度变化周期越长，它的发光能力就越强。根据造父变星的光变周期，就可以利用周光关系推算出它的绝对星等，再把绝对星等和它的视星等进行比较，就可以推算出它的真实距离了。

根据上述理论，哈勃以充分的数据第一次证明：旋涡星云都是远在银河系外的恒星系统，即河外星系。这样，就为彻底解决星云的本质问题，提供了一条直截了当而且更具说服力的途径，即日后所称的"观测宇宙学"。

河外星系的发现是20世纪天文学最重大的成就之一，它直接导致了星系天文学的诞生，掀开了人类探索大宇宙的崭新一页。

揭秘膨胀宇宙

哈勃的发现，使人们可以通过河外星系中造父变星的视星亮度，来准确地测算出河外星系的大小和其与银河系的距离以及河外星系之间的距离。但是，哈勃逐渐发现，这一方法只适用于那些比较近的星系。而多数的河外星系是如此遥远，能到达地球的星光过于黯淡，无法分清单个恒星。因此，对这类星系的距离和大小的测定必须另辟蹊径。

在理论方面，1917年，爱因斯坦用刚建立的广义相对论，探讨了星光在不同的引力场中传播时，谱线发生向红端移动（即红移）的现象。这一现象与星系距离的测定有密切的关系。在观测方面，美国天文学家斯莱弗在1917年已初步表明，多数旋涡星云都在以巨大的速度远离我们而去。

根据这些成果以及哈勃本人所测定的更加准确的有关旋涡星云距离的定量数据，1929年，哈勃在《河外星云与视向速度的关系》一文中，提出星云距离 D 与视向速度 V 成线性的正比例关系。这一关系的数学表达式就是：$V=H$（哈勃常数）$\times D$。这就是闻名于世的测量星系距离的"哈勃定律"。

哈勃的论证令人十分信服，论文一经发表即获普遍赞同。1930年，英国天文学家爱丁顿把河外星云的普遍退行，解释为宇宙的膨胀效应。也就是说，哈勃定律为宇宙膨胀提供了首要的观测证据。

哈勃的伟大发现导致了宇宙正在膨胀这一观念的兴起，为现代宇宙学中占主导地位的宇宙膨胀理论提供了重要的观测证据。而且，如果按照英国天文学家米尔恩于1932年提出的想法——宇宙膨胀是均匀的，且膨胀的速度是恒定的，那么哈勃常数的倒数还可以解释为宇宙的年龄。

哈勃定律的确立，表明宇宙在整体上静止的观念已经过时，取而代之的是宇宙膨胀的观念：宇宙各部分正在彼此远离，互相退离的速率与它们之间的距离成正比。

归纳与分析结合

美国天文学家桑德奇在1989年为哈勃百年诞辰而写的一篇文章当中，恰如其分地指出："对哈勃的评价，必须重视他采用的研究方法的实质。"这一方法主要就是归纳法与分析法相结合，以归纳法为主。在哈勃许多重大发现的研究中，他通常采取的步骤是：首先收集大量的资料，在此基础之上进行归纳，得出普遍性的结论，并在以后的研究、运用中，进行反复验证和完善。正是凭借着这一点，他在研究中往往能迅速而准确地把握问题的关键所在，一再取得引人注目的成功。

哈勃在晚年担任了威尔逊山天文台和帕洛马山天文台这两座美国著名天文观测基地研究委员会主席。此时，虽然他已经颇受长期辛劳工作导致的心脏机能失调之累，但他仍然将余生的全部精力投入到巡天计划的研究当中。1953年9月28日，正当他准备前往帕洛马山作为期4夜的观测研究时，不幸患上了脑血栓，在家与世长辞，享年64岁。遵照他生前的安排，他所珍藏的一切图书资料都捐赠给了威尔逊山天文台。一辈又一辈的年轻学者踏着哈勃开辟的道路，迈上了新的路程。

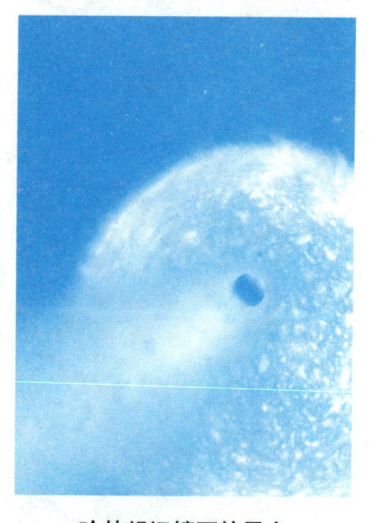

哈勃望远镜下的星空

哈勃为现代天文学，特别是星系天文学和现代观测宇宙学的建立，作出了卓越的贡献。他把人类的目光引向河外星系世界，使人们明白，我们置身其中的银河系只是这个世界的沧海一粟。如今，

科学真理的骑兵

在现代天文学当中，诸如哈勃隐带、哈勃光度定律、宇宙哈勃年龄等一系列与他的名字息息相关的术语、理论都一次次向世人彰显着他的辉煌功绩。

1990年4月25日，美国国家航天局发射的一架以测定宇宙距离为第一目标的大型空间望远镜，命名为"哈勃太空望远镜"，以纪念这位伟大的天文学家。

每个人都有自己喜欢的独特领域，而对这一领域的钻研往往能诞生奇迹。哈勃这位"星云世界的水手"，他对天文学所作的贡献，就形象地证明了这一点。

29 诺贝尔生理学或医学奖获得者爱德华兹：面对质疑不放弃

2010年的诺贝尔生理学或医学奖授予了有"试管婴儿之父"之称的英国科学家罗伯特·爱德华兹。这位85岁的老人获得了"世界最杰出的科学家之一"、"现代医学发展的里程碑"、"全球百万计民众的命运因此改变"等等赞美之词。此情此景，恍惚间就如同回到了近半个世纪前。但那时与罗伯特·爱德华兹这个名字相关的并不是赞誉，而是来自多方面的抨击和质疑。这一切还要从爱德华兹早期的研究说起。

罗伯特·爱德华兹

对卵子的好奇

爱德华兹出生于英格兰曼彻斯特，曾参加过第二次世界大战。服役期满后进入威尔士大学和爱丁堡大学就读生物学，1955年凭借一篇关于老鼠胚胎发育的论文获得博士学位。1958年，他成了英国医学研究院的研究人员，并开始了对人类受精过程的研究。

20世纪50年代，正是体外授精技术萌芽的时代，当时有科学家研究表明，兔子的卵子可在试管中授精并发展成胚胎。而爱德华兹则在当时预言，体外受精方法将会是人类治疗不孕症的有效手段，并开始了他穷极一生的研究。

通过最初一系列的实验研究，爱德华兹有了许多重要发现：人类卵子的成熟过程；不同激素对卵细胞成熟的调节作用；卵子最佳的受精时间点；精子保持活跃和进行授精的条件等等。

尽管取得了一系列重要发现，但一个主要问题依然存在——体外受精卵难以进行多重分裂。爱德华兹认为，如果等卵子在卵巢内成熟后再提取出来进行试管授精，效果可能会更好。但如何找到安全可靠的方法来获得这样的卵子，则成为一个难题。

为此，爱德华兹找到了当时英国腹腔镜技术领域的先驱人物之一的妇科医生帕特里克·斯特普托寻求帮助，并在1963年与其创立了全球第一个试管授精研究中心。斯特普托通过腹腔镜从子宫中安全取出卵子，而爱德华兹则把卵子放入细胞培养液中进行受精，并使受精卵进行多次分裂。

1969年，实验获得了突破性进展，爱德华兹首次成功地实现了人类卵子的体外授精，在实验室中培育出了人类早期胚胎，这也是世界上第一次成功的体外授精实验。至此，在两人的共同努力下，体外授精技术逐步从理论走向了现实。

坚持就是胜利

但事情并非一帆风顺。爱德华兹的研究随后就引发了激烈的伦理道德争议，不少宗教领袖、伦理学家和科学家纷纷对此提出质疑，认为体外授精所产生的"试管婴儿"会破坏已有的伦理关系，将制造出可怕的"科学怪物"。

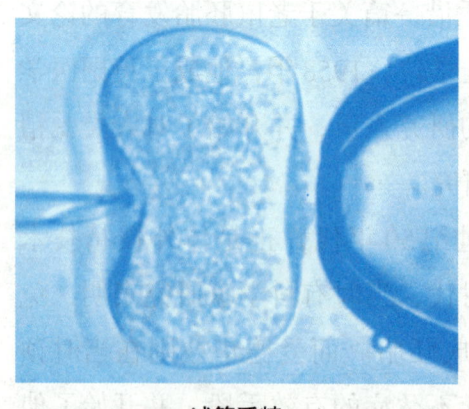

试管受精

迫于各方面的压力，1971年，英国医学研究委员会做出了不再资助体外授精实验的决定。爱德华兹只好四处筹钱，最终在部分私人捐助的支持下，研究才得以继续进行。

就这样在充满期待和失望的无数次实验中，爱德华兹又度过了5年。1976年，一对经历9年努力仍未能生育的英国夫妇——莱斯莉·布朗和约翰·布朗找到了爱德华兹和斯特普托寻求帮助。诊断发现，莱斯莉是由于输卵管堵塞导致不孕。

1977年11月10日，体外授精手术正式开始，斯特普托用一根细而长的内窥镜从莱斯莉卵巢中取出一枚卵子交给爱德华兹。在剑桥的实验室里，爱德华兹随后将其和取自约翰的精子在培养液中成功授精，并在发育成一个由8个细胞组成的人类胚胎后，将其植回到布朗夫人体内。1978年7月25日，世界上第一个试管婴儿——路易斯·布朗通过剖宫产手术顺利诞生。

但此时对体外授精的非议仍未结束，天主教会和伦理学者仍继续攻击爱德华兹的研究，不少科学家也站出来称爱德华兹没有经过动物实验就直接进入临床实验是错误的，试管婴儿是否存在缺陷还有待时间检验。

人生最重要的事情是有一个孩子

爱德华兹仍然不为所动，在接下来的几年内，他与同事将体外授精技术进行改良，并在1980年与斯特普托在剑桥成立了世界上第一个体外授精与辅助生殖中心——伯恩霍尔诊所，将此技术与世界分享。来自全世界的妇科医师和细胞生物学家来此培训，而体外授精技术也在爱德华兹所领导的研究下得到不断的改进。

在爱德华兹和众多医学工作者的努力下，1980年，澳大利亚首个试管婴儿诞生；1981年，美国首个试管婴儿诞生；1988年，中国首个试管婴儿诞生……迄今通过该法诞生的婴儿已有400万。长期

科学真理的骑兵

跟踪研究表明，试管婴儿和正常怀孕出生的孩子一样健康。

这胜于雄辩的事实是对爱德华兹不懈努力的最有价值的表彰，也是对此前所有非议最强有力的回击。

今天，体外授精技术在全世界得到认可和应用，并取得了一些重要发展。如今，单个精子可以直接通过显微注射注入细胞培养液中的卵子中，该方法极大地改进了体外授精对男子不孕症的治疗效果；确定适于体外授精的成熟卵子的过程不再繁复，通过超声波扫描即可，而卵子的获取也不再需要使用腹腔镜，取而代之的则是一种精致的注射器。

或许，如今这一切的喧嚣在爱德华兹的眼里已如浮云，但40多年前，这位英国剑桥大学荣誉退休教授在对自己的研究进行辩护时所说的话仍然掷地有声，"人生最重要的事情是有一个孩子，世上没有什么比孩子更特别的了"。而正是他和众多科学家的努力，使得千千万万人拥有自己孩子的梦想成为了现实。

科学历来都是在同非科学、反科学的斗争中前进的。面对质疑不放弃，坚持自己的研究，这种可贵的科学精神，正是爱德华兹成功的关键，也给人们最有益的启迪。

30 不怕承认自己的不足
——尼尔斯·玻尔

尼尔斯·玻尔

1927年10月,在布鲁塞尔举行的第五届索尔维物理讨论会上,一位物理学家提出的对量子力学的诠释,遭到了爱因斯坦的强烈反驳。爱因斯坦对这位物理学家提出的量子力学的相关理论表示不能容忍,批评他对统计的解释是"掷骰子",抨击"测不准原理"和"互补原理"是"绥靖哲学"。但是,这位科学家并没有就此放弃自己的观点,而是坚持"是真是假,自己干干再说"。这位科学家就是丹麦物理学家玻尔,他和爱因斯坦的学术论战成为科学史上一段著名的史话。

雏鹰初展翅

1885年10月7日,尼尔斯·玻尔出生在丹麦哥本哈根一个富裕的知识分子家庭。父亲是哥本哈根大学的一位生理学教授,母亲来自于一个在银行界、政治界、古典语言学界享有声望的富裕的犹太人家族,性格温柔谦和,他们允许孩子的天赋充分地发展。玻尔还在上中学时,父亲就发现了这个行动缓慢、做事专心的孩子在物理学上的天赋,于是极力启发他对物理学的兴趣,并且在和朋友就科学、哲学、文学和政治问题进行讨论时,允许玻尔旁听。这对玻尔影响深远,也使他的物理天赋很快为大众所瞩目。

1903年，玻尔考入哥本哈根大学数学和自然科学系。1906年，他用自己研制的实验装置，通过对实验结果的深入分析，完成了论文《用液流振动法测定水的表面张力》，并获得哥本哈根科学院颁发的金质奖章。当时，他还是个在校大学生。

在玻尔学习物理的时期，科学正经历着迅速的发展。19世纪末，汤姆逊发现一细束阴极射线能在电场和磁场中弯曲。这束射线看起来是由迄今人们所不知道的、质量比最轻的原子还小的微粒组成的。尽管这一发现在当时被认为只有理论上的意义，但全世界已开始研究起这一后来被荷兰人洛伦兹称为"电子"的微粒来。玻尔的硕士论文以及后来的博士论文都是研究洛伦兹的电子论。1911年，玻尔写成了题为《金属电子论研究》的博士论文，详细地分析了金属的导电性、传热性和磁性。当时，玻尔的博士论文答辩会引起了广泛关注。一家报纸报道说："尼尔斯·玻尔所写的内容、所提出的问题都太新颖、太不寻常了，以至于没有人能够对他提出问题。"

不久，玻尔获得特别奖学金，到剑桥大学跟权威物理学家汤姆逊见习一年，这令玻尔欣喜若狂。然而，汤姆逊对玻尔所提出的课题不感兴趣，并且鉴别不了玻尔论文的重要性。尽管如此，留在卡文迪许实验室的他仍竭力进行实验工作，同时从事自己的理论研究。

确立原子结构模型

1912年春，玻尔移居曼彻斯特，来到卢瑟福的实验室。此时，卢瑟福用α粒子轰击原子内部，确证了原子核的存在，并按照哥白尼行星运动规律解释原子模型，认为原子的中心是原子核，电子在不停地绕核旋转。但事实上，原子结构和天体力学之间存在着根本区别，卢瑟福模型遭遇到了困难。

经过一段时间的深入研究，玻尔利用古典力学和普朗克-爱因斯坦量子概念，成功地解释了一系列实验事实，并分别于1913年7月、9月和11月分3次发表《论原子和分子的结构》这一长篇论文，阐述他的研究结果。在这篇论文中，玻尔抛弃了经典的辐射理论，引进了普朗克的量子概念，提出定态假设、频率法则两条假设，从而奠定了原子结构理论的基础。

玻尔的论文引起广泛争论，一些古典物理学的杰出代表，如汤姆逊和瑞利，认为论文内容是错误的，但也有许多物理学家却热烈地支持这个理论。不管人们如何争论，玻尔的这篇论文出色地解释了原子的稳定性与原子光谱的分立性，第一次提出了原子体系与行星体系的本质区别，确立了被后人称之为"卢瑟福-玻尔模型的原子结构模型"。从此，原子核物理学诞生了，原子物理学出现了。

玻尔的原子模型

哥本哈根精神

1919年，丹麦当局为玻尔建造了一所实验室。此后，玻尔一直领导着哥本哈根大学的这个研究所，直到1962年逝世。在玻尔的领导下，实验室聚集了来自世界各地最年轻而杰出的科学家，这个研究所很快成为研究原子和微观世界问题的中心。海森堡、狄拉克、泡利、朗道等许多杰出的科学家都先后在这里工作过。

更难能可贵的是，玻尔与同事在创建与发展科学的同时，还创造了"哥本哈根精神"——这是一种独特的、浓厚的、倡导平等自由地讨论和相互紧密地合作的学术气氛。直到今天，很多人还说"哥本哈根精神"在国际物理学界是独一无二的。曾经有人问玻尔："你是怎么把那么多有才华的青年人团结在身边的？"他回答说："因为我不怕在年轻人面前承认自己知识的不足，不怕承认自

己是傻瓜。"

1928年，玻尔根据微观粒子的"波粒二象性"和"测不准原理"，提出著名的"互补原理"。他认为，在量子领域里总是存在互相排斥的两套经典特征，正是它们的互补构成了量子力学的基本特征。他认为，互补性是因果性的"合理推广"。尤其在晚年，玻尔用这种观点论述了物理科学、生物科学、社会科学和哲学中的无数问题，对西方学术界产生了相当重要的影响。

玻尔的互补哲学受到了许许多多有影响的学者们的拥护，但也受到另一些同样有影响的学者们的反对。围绕着这一问题，以玻尔为代表的和以爱因斯坦为代表的科学家爆发了历史上著名的学术大论战，这场论战已经进行了好几十年，至今仍无最后的结论，而且看来离结束还很遥远。

亦喜亦忧原子能

从20世纪30年代开始，玻尔的研究所花在原子核物理学方面的力量更大了。他在30年代中期提出了核的液滴模型，认为核中的粒子有点像液滴中的分子，它们的能量遵循某种统计分布规律，粒子在"表面"附近的运动导致"表面张力"的出现，如此等等。这种模型能够解释某些实验事实，是历史上第一种相对正确的核模型。在这个基础上，他又于1936年提出了复合核的概念，认为低能中子在进入原子核内以后，将和许多核子发生相互作用而使它们被激发，结果就导致核的蜕变。这种颇为简单的关于核反应机制的图像至今也还有它的用处。

当迈特纳、弗里施根据哈恩等人的实验提出了重核裂变的想法时，玻尔等人立即理解了这种想法，并对裂变过程进行了更详细的研究。玻尔并且预言由慢中子引起裂变的是铀-235而不是铀-238。

1940年，德国法西斯侵占丹麦后，玻尔研究所里世界各国物理学家的富有成效的合作被中断，玻尔也面临被逮捕的威胁。1943年，他被盟军经瑞典转移至英国，不久又去了美国，积极地参与了制造原子弹的"曼哈顿计划"。

虽然玻尔以科学顾问的身份推动了原子武器的研制工作，但他坚决反对使用原子弹。1950年6月，他发表了《致联合国的公开信》，重复了他建立"开放的世界"的恳求和"原子能的发展应在各国之间完全公开"的主张。除此以外，玻尔还将他许多的时间和精力献给了原子能的和平利用。

1962年11月18日，77岁的尼尔斯·玻尔午睡时因心脏病猝发而逝世。

每一位科学家都有自己独特的科学品质，玻尔不轻易放弃自己的观点，不怕承认自己的不足，不断实践、不懈探索的品质成就了他科学上的伟绩。

后 记
Postscript

　　本书在编辑过程中,参阅了不少当代著述与期刊,撷取了很多珍贵的精神食粮,为读者打开了一片晴空,作者那充满智慧的文字定会在与读者的心灵碰撞中迸发闪光。

　　由于各种原因,未能及时与本书有些作品的作者、编者取得联系。本着对书稿质量的追求,又不忍将美文割爱,故冒昧地将文章选录书中。鉴于此,还请作者诸君谅解为盼,并请作者及时与编者联系,支取为您留备的稿酬。谢谢!

编　者